チャールズ=サンダーズ=パース
（1875年，ベルリンで）

パース

●人と思想

岡田　雅勝 著

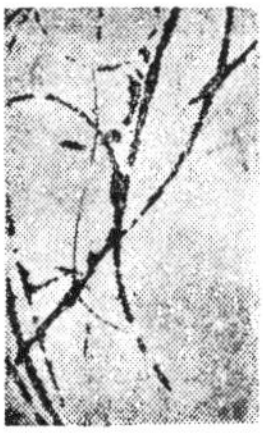

146

CenturyBooks　清水書院

パースについて

パースは実に不運の人生を送った。名門の家に生まれ育ったにもかかわらず、その辿った生は不運な生であった。彼の父親、ベンジャミン゠パースはハーバード大学の数学の教授であり、彼の恩寵を受けて、チャールズ゠サンダーズ゠パースは育った。彼は才能に恵まれたが、父親の英才教育を受けた。彼は幼いときから難しい数学の問題を解かされ、八歳にして、化学を学び、一二歳になると、化学実験室を作ってもらい、さまざまな実験をした。また彼は父親とホイストというトランプ遊びをよくした。そのゲームは頭を使い、長時間に及んだが、それが彼をして晩年まで夜更けまでの仕事を可能とした。彼は一三歳でホェイトリーの『論理学の要素』を教えられ、将来彼が論理的に考えることに大きな力となった。彼は他にさまざまな教育を受けた。特に香水のかぎわけや、ワインの味わい方などを学んだ。

そうした父親の訓練とは別に、彼はおませな子だった。小さいときから恋をしたことが彼の思い出になっているが、彼は長ずるに従い、徐々に派手好みのダンディーになっていった。そして彼のダンディー好みは生涯続いた。そのために、彼は沿岸測量部とハーバード大学の天文台の助手の仕事以外に就くことがほとんどできなかった。彼はハーバード大学やジョンズ・ホプキンズ大学やその他の地位を望んだが、どこにも就けなかった。彼には才能があったが、彼の人となりがそうさせなかった。彼は晩年に野たれ死に同様の死に方をしてしまった。しかしパースの思想は彼の送った生とはまったく別な辿り方をしたのであった。

彼は現在生前に受けなかった賞賛を受けている。彼の仕事は広く数学、論理学、化学、測量、エジプト学、犯罪学、歴史、社会学、天文学、言語学、文芸評論などに及んでいる。実に天才的な仕事をこなした。それにもかかわらず、彼の思想は理解されず、彼の死後何十年か経ってようやく理解されるようになった。彼はプラグマティストとして理解されているが、彼のプラグマティズムはいわゆる一般的に流布されているプラグマティズムとはまったく異なっている。こうしたことをこの書では取り上げていく。

それよりも大切なことは、彼がアメリカのマインドをもった思想家であったということである。パースが生きた時代はアメリカはどうやら大きな転機を迎え、世界に羽ばたくときにさしかかっていた。アメリカは南北戦争を経験し、まさに第一次世界大戦を迎えたときであった。パースはその時代にアメリカ人として不幸な生を送ったが、パースの生はアメリカン・ウェイ・オブ・ライフと言える生であった。アメリカという国が統一されアメリカ文化思想ができあがったときであった。パースの思想はそのさなかに形成されたのであった。アメリカはそのときパースに気がつかなかった。それだけ彼の思想は時代を先取していたと言える。しかし先取りをしていたが故に彼は苦難の道を歩まなければならなかった。

目次

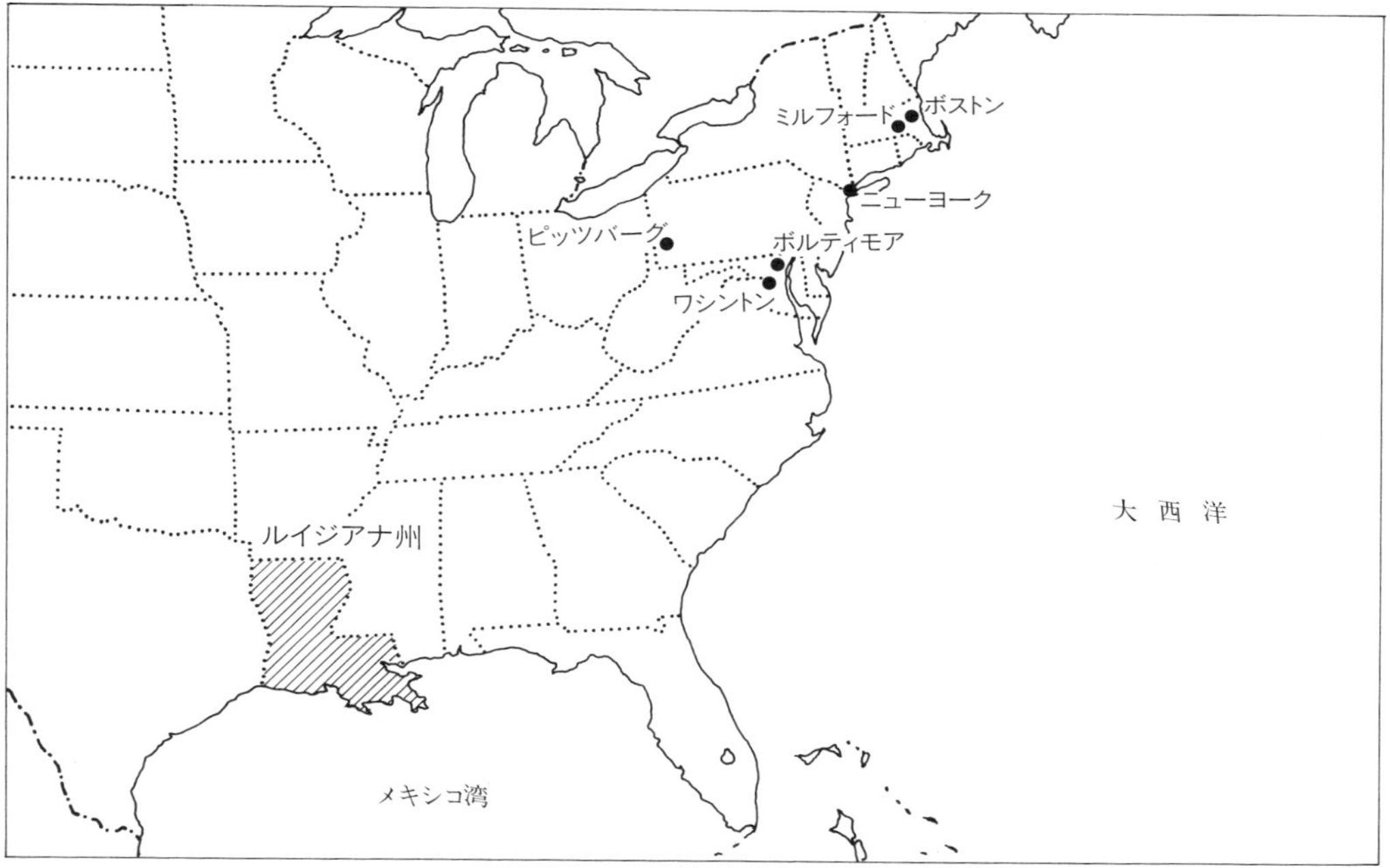

パース関連地図

一　アメリカとアメリカ的思想の根

アメリカ的人間像

パースが生きた時代は創設期のアメリカでもなかった。新しいアメリカという国が作られる時期にあった。白人たちが自分たちと違った人種と共に生きることを問われた時代であった。白人たちは好むと好まざるとにかかわらず、自分たちが理解した人間像を結局は黒人たちにも植え付けてしまい、その人間理解を自分たちで引き受けなければならなくなっていった。

パースが生きた時代は、毎年移住してきた人々と、もう何代にもわたってアメリカに生活した人々、奴隷として連れてこられた黒人たち、中国人など東洋系の人々、それにもうすでに数においても少なくなっていたが、ネイティブな人々などさまざまな人種がひしめき合い、錯綜し合い、それぞれ自分たちの生き方を求めて生きようとしていた時代であった。そしてそれぞれの生き方を通してアメリカン・ウェイ・オブ・ライフをつくりあげていった。

アメリカはネイティブな民を追い払い、ヨーロッパのアングロサクソン系を中心にして開拓が行われていった。そのさいアメリカ人が自らに課してきた神話というべき一つの信念があった。それは建国の当初から抱き続けてきた、「神の意志による国土の設計と計画」という信念であった。ナイ（一八九二―一九七二）は「アメリカ人は、彼らの過去と現在にいたるまで、ある偉大な業績を達成するために神による指示を受け入れている、と信じている」とアメリカ人が抱き続けてきた使命感を指摘しているし、またメルヴィル（一八一九―一八九二）は「私たちアメリカ人は、神によって選ばれた特殊な民、現代のイスラエル人である。私たちは世界の自由を選ぶ箱船を支えている」と述べているように、私たちはピューリタニズムがアメリカ人に与えた影響の大きさをみる。

ところで、スタインベック（一九〇二―一九六八）はアメリカ人のもつ逆説と夢について語っている。彼によれば、アメリカ人にはいくつかの特徴があるが、それのどれもが矛盾している。アメリカ人は矛盾によって生き、呼吸し、活動しているようであり、アメリカ人は自分たちのつくりあげた神話を情熱的に信じているほど矛盾に生きるというのである。ナイが指摘する使命感を、アメリカ人のもつ「逆説と夢」から考察しなければならない。

アメリカ人はある意味ではピューリタニズムの教えを守ってきたようであったが、だが大抵のアメリカ人は自分の力を頼りにして生きていき、自分の力に善、正義を見出してきたのであった。実は自分の力を頼りに生きたにもかかわらず、アメリカ人は何か重要なことをしようとするとき、それを神の意志としたし、また何か自分たちの行動が成功したときも、それも神の意志としたのであった。ここに私たちは矛盾に生きる、アメリカ人の「逆説と夢」の一面をみるが、だがそれも結局のところ、アメリカ人が自分たちに与えられた「現在」を夢中になって生きてきたことの証と言えよう。

いうなれば、アメリカ人はピューリタニズムの影響を受けながら、実際に生き抜いていくことによって、新しいタイプの人間を作り上げていった。詩人ロングフェロー（一八〇七―一八八二）は「いま生きている現在に力を尽くし、行動せよ」と言っているように、大抵のアメリカ人はこの言葉に従って生きたし、生きざるを得なかった。こうした人間像を沢山挙げることができるが、たとえばフランクリン（一七〇六―一七九〇）を引き合いにだそう。

彼はピューリタンとして宗教的な雰囲気のなかで教育されながらも、教会のしきたりに従って生きることよりも、自分の生活に直接指針を与えるマクシムを立て、それに従って生きることを求めた。そこで立てたマクシムとは、自分が〈生きている現在〉に力を尽くし行動することによるという信念を堅く抱き、それを自分に厳しく課したのであった。彼の行為は確かに禁欲的であったが、しかし現実の実利的な報酬を目的としてなされた。彼の行為が結果として自分に営利をもたらし、ひいては社会の繁栄や福祉にも役立つものであるがゆえに、その行為を善行として受けとめ、そうした行為こそ神の意志にかなったものであるとした。スタインベックの「美徳は理性とか、法の順序だった手続きからは生まれてこない。美徳は力によって課せられ維持される」という言葉に、フランクリンの倫理意識のでどころを求めることができるように思われる。彼の倫理意識には、ピューリタニズムの影響がみられるのであるが、彼の倫理意識はそこから生まれたのではない。「いま生きている現在に力を尽くし、行動せよ」という言葉が導いた、〈力は正義〉とでもいう論理から生まれたものである。このように私たちはフランクリンの生き方のうちにアメリカ的行動様式の典型を、いいかえればアメリカ的な人間像をみるのである。

アメリカにおける自然科学

アメリカに最初に科学が持ち込まれたのは自然科学そのものの修得のためというよりも、むしろ自然から道徳的、神学的教説を導きだすためである。自然科学は神の創造なる天空として研究された。こうした研究の在り方は以降のアメリカの自然科学の発展に大きな影響を与えた。アメリカで純粋に自然科学者を生むのには長い月日がかかった。しかしこうした研究の在り方にアメリカ的な基本的姿勢が示されている。つまり科学的研究は、たんに事象を事象として純粋に研究するのではなく、〈……に役立てるために〉研究するという姿勢が示されている。

さきほど例を示したように、フランクリンが科学に関心を寄せるのは科学が実際生活において有効な知識を提供してくれるからであった。彼には理論的に着想される事柄は、実験によって確証され、結果として実用化されるものでなければならなかった。それゆえ、彼の科学的精神は、純粋科学、理論科学よりも、実際的な科学や技術に発揮されている。たとえば、雷と電気との同一性の証明から、避雷針の発明などである。フランクリンにおいて、科学は〈……ために〉役立つべきものであるという考えが一層明白になっていった。フランクリンにみられる行動的人間像と科学的精神は、アメリカがヨーロッパの知的伝統になかったものをその生活形態から生み出していったといえよう。確かにピューリタンがヨーロッパからもちこんだ倫理体系と科学的精神はアメリカ人を導いていった。しかしその導きの過程において、それらはアメリカの生活体験のうちで淘汰され、アメリカ的変容を受けていった。アメリカでは、知的な観想生活ではなく、何よりも〈いま生きている現在に行動する〉ことが人々に課せられた。

未来への展望

〈この国の歌の主題は創造的で、未来への展望を備えている〉、とホイットマン（一八一九―一八九二）は詩集『草の葉』の出版にさいして述べた。躍動するアメリカとその大地に漲る活力をもって生きる民衆に彼の詩心は感動に満たされていた。彼は『草の葉』につぎのような題詩を掲げた。

「自分自身」をわたしは歌う、素朴でひとり立ちの人間を、それでいて「民衆とともに」「大衆のなかで」という言葉を口にする。……
底しれぬ情熱と脈拍と活力に溢れる「いのち」をそなえ、
奔放な行動にふさわしく神聖な法則に従って造られた、陽気で、「新しい人間」をわたしは歌う。
（岩波文庫、四〇―四二頁）

ホイットマンがこの詩を歌ったのは一八五五年のことである。南北戦争が始まる直前のときであった。アメリカ全土いたるところフロンティアが開かれて、アメリカは前進に前進を続けていた。私たちはこの詩のなかに当時のアメリカの生き生きとした姿をみる。一七世紀初頭のプリマス・ロックへ上陸以来、アメリカはいくつかの特徴的なアメリカ精神を作り上げてきた。神による使命感、ピューリタニズムと融合した功利主義的、実利的倫理観、実用的合理精神、行動的人間像などがそうであった。ホイットマンの詩には、さらに新しいアメリカの精神が歌われる。彼の詩全編に漲っているのは、進歩の思想、平等の思想、民衆の思想であった。

平等と進歩の思想

平等の思想を理解することは、アメリカ精神を理解するかぎであると言われるほど重要な問題である。トクヴィル（一八〇五―一八五九）は『アメリカにおけるデモクラシー』（一八三五年）において、アメリカにおける政治の本質を平等においてみている。彼は、「アメリカの社会を研究するにつれて、諸階層の平等が個々の事実の源と思えるようになり、また絶えず私の観察がすべてこの中心点に帰着するかに思われた」（岩永訳、四四一頁）と述べている。

トクヴィルはヨーロッパに見られない新しいタイプの社会としてアメリカの社会を評価した。トクヴィルによれば、アメリカ人は、権利としての平等を主張し、それに従って行動する。しかし平等の権利の行使は外的で、相対的なものにとどまる。それゆえ、アメリカ人は内面へと沈潜しないで、自分の欲求を満たすに足る物質的繁栄を求める。人々はしばしばアメリカ人を矛盾に生きる人間として捉えるが、そのことは、アメリカ人の平等の思想の追求にもっともはっきりと認められる。平等の思想には、個人の自由の思想が裏打ちされている。平等とは一個人の存在が他者の存在と等価であることを前提とする。しかしそうするなら、実際には、自由と平等とは矛盾し合わざるをえないことになる。しかしながら、アメリカ人は平等を建前として、自分の能力や欲望を最大限発揮することを望んだのであった。

この力がエネルギーを最大限に発揮させるということで、アメリカ人は進歩の思想と結びつけてきた。進歩の思想は、もともと近代科学の勃興と共に生じたものであるが、啓蒙思想の影響のもとで普及していった。そしてこの思想は、アメリカでは英国の功利主義の影響と絡み合い、普及していった。アメリカは無限といえるほどの資源と機会を人々に提供していた。人々は自分の力次第で富や栄達が約束される状況におかれていた。しかしアメリカ人にとって、進歩とは、内なる心の開発にあるのではなく、外的な行動を通して物的なものの開拓を意味した。人々がフロンティアに群がったのは物的なものの獲得であった。そこで必要とされたのは、行動力であり、実用的な知識であり、技術であった。「北アメリカ評論」は、「人間が住むところとして世界が建設されて以来、私たちの時代ほど進歩への確信が普及し、さらに前進の予期に満ちている時代はなかった」という論説を掲げるほどアメリカ人は進歩に生きようとしていた。

人類の進歩の過程が必然であり、それの実現が約束されている地はアメリカであるという考えが、ホイットマンの詩に歌われている頃、ダーウィン（一八〇九―一八八二）が『種の起源』（一八五九年）を公にした。進歩の思想を信じたアメリカ人が進化論を迎え入れたのは当然のことであった。しかしこの仮説は複雑な問題を当時の人々に投げかけた。人々にとって、進化論の〈適者生存〉という説を従来の〈進歩の思想〉に照らして評価することは困難であった。進化論は人間を動物性として捉えているゆえに、キリスト教的秩序を根底から覆し、キリスト教的倫理を自然主義的混乱に陥れるように思われた。

しかしスペンサー（一八二〇―一九〇三）は、進化は自然の一定の原理であるだけではなく、つねに完成――完全な展開――と、さらに純粋な善へ向かってすすんで行くと主張し、進歩（progress）と進化（evolution）の理論とを調和させて考える方向をとった。ダーウィンはこのようにスペンサーを通してアメリカに迎えられた。こうしたスペンサーの考え方を受け入れて典型的なアメリカ的生活を生き抜いた人としてカーネギーをあげることができよう。

彼は、フランクリン以来持ち続けてきた実用的な、合理的精神をもって、ピューリタニズムとダーウィン―スペンサーの進化論の〈適者生存〉の説との調和、融和をはかり、自分の哲学を説き、自分の人生における成功を宗教と科学との両面から基礎づけた。このようにダーウィンの出現によって、アメリカにニュートン的自然観とは異なった有機体についての進化論的自然観が持ち込まれることとなった。そしてこの自然観を基礎としてアメリカ的知性の新たなる展開がなされた。その意味でホイットマンの歌声は素朴であったが、アメリカの新しい思想の息吹を伝えるものであった。

多様なものの統一

スタインベックは、多くの人々をアメリカ人にさせていったものをアメリカの〈多様の統一〉と呼んだ。それは彼に従うなら、アメリカン・ウェイ・オブ・ライフから自然にできあがってきたものであった。プラグマティズムという思想は、パースの創案になると言われるが、アメリカ的知性の〈多様の統一〉の帰結の一つとして、アメリカにおいて形成された思想であるといえよう。

私はプラグマティズムの特性を行動主義的観点と科学の方法という二つの観点から捉えることができると考える。それはアメリカの成立の事情から規定されてきた知的特性である。プラグマティズムは科学的であることを標榜し、行動主義的観点にもとづいて、いわゆる科学的認識と価値的認識との結び付きを課題として生まれた思想であるといえよう。

チャールズ＝パース

ここでアメリカでプラグマティックな思想を作り上げたとされているチャールズ＝サンダーズ＝パースについて取り上げたい。彼は一八三九年に生まれた。彼が生まれ育ったアメリカは、一七七五―一七八三年の独立戦争も終えて、長い間の英国の植民地からも脱し、新しいアメリカとして出発していた。

パースが生まれたアメリカは、植民地としてのアメリカから脱していこうとした時期で、対外的にはモンロー主義を取って、国内のさまざまな問題に関わっていた時期であった。関税問題、インディアン問題（アラモ砦の闘い、強制移住）、黒人奴隷解放問題等が起こり、一八四〇年にはホイッグ党のウィリアム＝ハリソンが大統領に選ばれた。一八四八年にはカリフォルニアで金鉱が発見され、いわゆるゴールドラッシュが起こっていた。

文化的には一八四〇年には、「ダイアル」誌が発刊され、エマソンなどを中心にして、トランセンデンタリストたちの活躍などがあったり、ポーの『モルグ街の殺人』が出版された。また一八五〇年にはホーソンの『緋文字』、五一年にはメルヴィルの『白鯨』、五二年にはストウの『アンクルトムの小屋』、五四年にはソローの『ウォルデン――森の生活』、五五年にはホイットマンの『草の葉』などが出版され、アメリカ文化の初期の花が咲き始めていた。

黒人奴隷の問題

アメリカは、本国イングランドの産業革命の影響を直接的に受けて発達した。最初はニューイングランドを中心に発達していったが、人々は土地の肥沃な南部に急速に根をおろし、大規模なプランテーションで黒人奴隷を使用し、目ざましい成長をとげ、南部は「綿花王国」となっていった。一八三〇年代なかばに、サウスカロライナ、ジョージア二州から、メキシコ湾岸のアラバマ、ミシシッピ、ルイジアナ諸州へと移行し、南部は、一八四〇年には世界の綿花総生産高の六割を占め、綿花は文字通り王者であった。

しかし綿花価格は、リヴァプールなどの外国市場で決定されていたので、南部はヨーロッパ経済変動の影響をじかにこうむった。また綿花貿易からの多大な利潤と手数料を引き出したのは北部の商人、とりわけニューヨークの海運業者や銀行家たちであった。南部はプランテーションの経営資金を北部に頼っていたばかりではなく、北部に対して綿花の他に煙草の輸送料、保険料、保管料などを支払わなければならなかった。

南部には土地と奴隷所有を反映した階級社会が出現した。いわゆるプランター（二〇名以上の奴隷を所有）は三万八〇〇〇人で、五〇名以上の奴隷を有するプランターは八〇〇〇名で、彼らが南部諸州の政治経済を牛耳っていた。しかもこうした富裕なプランターたちの多くは、植民地時代以来の由緒あるジェントリー階級の直系というよりは、開拓農民の子として生まれて、第三代大統領トマス＝ジェファソンに代表されるように、一代で財を築いた人たちが多かった。この奴隷所有者階級に対して、南部白人のおよそ三分の二は自営農民の非奴隷所有者たちであった。南部白人社会の最大の課題は、奴隷制の維持を目指すプランター階級と、民主化を要求する圧倒的多数の非奴隷所有白人の利害の対立をいかに調整し、南部白人全体の統合と結束をどうしていくかが課題であった。南部社会には自由黒人と黒人奴隷がいた。自由黒人は、主として都市に住み、職人として生計をたてていた。彼らには選挙資格もなく、武器やアルコールの所持も禁止されていたばかりではなく、南部一円では厄介視されていた。黒人奴隷たちの多くは、プランテーションの強制労働に服していた。

北アメリカ大陸最初の植民拠点となったジェイムズタウンの建設（一六〇七年）から奴隷輸入禁止（一八〇八年）を経て、南北戦争にいたる全期間、アフリカから合衆国に輸入された奴隷の総数はせいぜい五〇万人あまり（アメリカ合衆国の黒人人口の五パーセント）にすぎなかった。この間に黒人人口は自然増加によって着実な伸びをみせ、一八六〇年には四〇〇万人に達した。奴隷たちは、アフリカの伝統文化への適応を示すとともに、他方では、西アフリカ伝来の歌、踊り、彫刻、言語、伝承、宗教などを自分たちの日常生活のなかに温存し、奴隷文化を形成していった。このアフロ・アメリカ文化の礎となったのは宗教であった。黒人たちの間には、アフリカの土俗信仰であった魔術、あるいは薬草治療、幽霊、精霊信仰が根づよく残っていた。彼らが夜半秘密裡に催す祈禱集会は、祈禱、歌、叫びによって宗教的陶酔状態をかもしだし、奴隷仲間の精神的な一体感と団結心を高める重要な場でもあった。しかし一八三〇年代以後の南部での武器所持、夜間外出、日没後の祈禱集会が相次いで禁止された。

南北戦争

南部の政治的課題は、連邦国の政治が北部が優勢になってすすめられるのに対して、南部の利益をいかに守り抜いていくかということであった。それにまた南部のプランター階級には、もう一つの課題があった。それは北部の奴隷制廃止論者たちの言う倫理的道義的批判に対して、南部の白人たちの結束力をいかに維持していくかという課題であった。

南部非奴隷所有者である白人の不満をなだめ、南部白人の団結と奴隷制をいかに維持していくかということは、プランター階級にとって必要なことであった。つまり奴隷制を擁護し、南部を結束していこうとする課題を負っていた。それゆえ、黒人奴隷制擁護論が論ぜられた。いくつかの擁護論があるが、そのなかで、南部の非奴隷所有者の白人の不満を和らげ、白人たちの団結心を維持していくかということとして主張された擁護論は、黒人の生物学的劣等性であり、それと同時に白人の同等性、平等性であった。

一八六〇年代の大統領選挙は奴隷制をめぐる選挙となった。そしてダークホース的存在であったリンカーンが当選したが、リンカーンの当選は南部にとって衝撃となった。南部は連邦から離脱を決議した。そして南部と北部との闘いが始まり、南北戦争が起こった。北部では奴隷制に反対する力が増大していったが、奴隷制の廃止もしくは奴隷の解放というのは広く受け入れられた思想ではなかった。北部は奴隷制を南部に封じ込める方法を模索するというのが南北戦争勃発時の大方の見解であった。それよりも分離を主張する南部を連邦に連れ戻すための闘いとして理解されていたのであった。

この闘いは連邦の統一回復のために始められた。しかし内戦が続いていくと奴隷制の問題が不可分の問題として持ち上がってきた。北部は意図的に避けてきた南部の奴隷制を避けて通ることができなかった。ただ北部が奴隷解放に踏み切るには抵抗があった。根強い反黒人感情である。黒人は人種的に劣等であるというのは、アメリカ人に共通する認識であり、大量の解放黒人の北部への流入は威嚇だと考えた。また奴隷所有は憲法に保障された財産権であり、奴隷制は連邦とは関わりのない、それぞれの個別の州の内部の制度であるとする憲法解釈であった。

連邦軍が南部に入り込んでくるのに従って、占領地での奴隷制をどうするかが問題となってきた。連合軍は闘いの目的を南部の連邦離脱阻止に限定していたが、奴隷たちはこの闘いが奴隷解放につながることを見抜いていた。彼らは連合軍が近づいてくると、プランテーションから脱走し、連合軍についてきた。

しかし連合軍には、それの取扱いに関して、何ら統一的な見解がなかった。アメリカ合衆国の大統領であったリンカーンは、奴隷制の道徳問題に対しても反対であり、奴隷制を拡大することに反対していた。しかし彼は既存の奴隷制に連邦制が手をつけることに強い抵抗をした。彼は奴隷制には反対であったが、即時廃止には社会的政治的影響をおそれてためらっていた。彼は終始奴隷と白人との平等の実現には懐疑的であった。しかし、六一年から六二年の初め頃にかけて、外国の干渉の可能性が非常に高まったこともあって、つまりこの闘いがたんなる南北の利害の対立という政治紛争ではなく、もっと高貴な理想の実現のための闘いであることを示し、世界の世論に訴える必要があった。

そのためにリンカーンは奴隷解放宣言の予備的宣言をすることを決意した。しかしこの六三年に出された宣言は、全面的奴隷解放宣言ではなかった。「反乱の状態にある州の奴隷は解放の対象となる」とされ、すでに連邦軍の占領下にある州は除外された。さらに連邦議会は黒人を連邦軍へ編入する権限をリンカーンにあたえた。しかしこれは人道主義的立場からというよりは、軍事的立場からであった。一八万の黒人が連邦軍に参加していった。そして北部の勝利となった。

新しいアメリカへ

一八六三年の奴隷解放宣言は南北戦争を北部と南部の対立というたんなる利害関係の争いという性格から社会改革へと変えていった。アメリカの新しい在り方が模索されたことを物語る。アメリカの社会改革は一九〇〇年代において、とりわけ六〇年代から七〇年代にかけてさまざまな形での市民解放運動が行われるが、そうした市民革命の先駆けとなる改革であったと言えよう。白人による世界進出、白人の価値観による他民族支配といういわゆる白人による世界の歴史づくりが盛んに行われた時期で、インディアンから土地を奪い、インディアンを追放し、自分たちの生活を自分たちの都合のいいように築きあげようとする生き方から、この南北戦争という体験よりアメリカが現実に体験したことは、白人以外の人種も、どのような理由づけがなされようとも、人間であるということを認めなければならなくなったことであろう。

黒人奴隷解放は、それほど進展はしなかったけれども、アメリカ人に理念として与えたイメージはすべての人間の基本的人権の尊重ということであった。白人たちが言ってきた〈愛と尊敬と信頼〉は白人たちだけの問題ではなく、すべての人に及ぶのでなければならなかった。無論こうした考えが社会の底辺へと及ぶのには一〇〇年も二〇〇年もかかることであろう。その意味ではアメリカでは今日もこうした人類の在り方をめぐって闘われているが、それでも南北戦争の与えた課題は大きかった。

パースの生きた時代とプラグマティズム

パースの生きた時代は、アメリカはアングロサクソン系民族の先導によって開拓が行われてきたが、すでに述べたように、アメリカは実に多様なものを含み、多様な民族、多様な価値観をもった国として統一されるべき何かを目指していた時代であった。アメリカはもうヨーロッパの諸国のように生きることができなかったし、インディアンが生きる国でも、黒人が生きる国でもなかった。アメリカは多様な民族を抱えて生きる国として模索して生きなければならなかった。パースが生きた時代は、南北戦争を境としてアメリカが新しく作り上げられていく時代であった。

彼の生きた時代は、社会の底辺にさまざまな人種が生きて、アメリカン・ウェイ・オブ・ライフをそれぞれに営んでいた。これから述べることであるが、彼の生涯は決して恵まれていたと言えなかった。彼はどんなにか大学アカデミーの研究生活を望んだことか。しかし、彼の社会生活には適していなかったことが災いして決して大学のスタッフになることができなかった。

ウィリアム＝ジェームズ

それでも彼は、生涯彼の力となってくれた友人をもつことができた。その友人の名前はウィリアム＝ジェームズ（一八四二―一九一〇）であった。同じプラグマティストとして知られるジェームズは、何よりもパースの生活に気遣って、パースを支えた。多分ジェームズなしに、パースの哲学は存在しなかったであろう。ジェームズとパースがどちらが先にプラグマティズムという名前を用いたのかということが二人で交わされたことがあったぐらい、誰がプラグマティズムという名前を最初に用いたのかが疑問とされている。プラグマティズムという名称がアメリカで大衆に用いられるようになったのは、ウィリアム＝ジェームズによることはどうやら間違いがないことであろう。

よりアメリカの民衆に合った形でプラグマティズムについて述べているのは、どうやらジェームズのようである。パースは小さなときから、父親によって数学を教えられたり、化学の実験をさせられたりしたこともあって、ジェームズの科学への関心とは違っている。

プラグマティズムということによって、パースが究極に目指すものは、人間のプラグマ（行動）ということである。パースによるプラグマティズムの命名は、カントの用法〈プラグマティシュ〉に由来する。この言葉は、人間の思考が人間の行動の目的と密接な関係にあることを表すために用いられた。彼がその名前を選んだのは、その特徴が〈理論的認識と理性的目的とが不可分であるという認識〉（5.412）であること、つまり科学の方法と実践的行為とが不可分に結び付いているという認識からであった。たとえば、パースは〈人間は記号である〉と主張するが、その前提には、〈人間の本質は、人間が整合的に行動し、思考することである〉というパースの信念がある。彼は合目的的な行動との関係において、人間の現実性とか、特殊性を強調するのではなく、その整合性、未来性を強調し、特定の事情とか状況に左右されないで、自己制御可能な行動を求める。そこにはパースの実在論があり、その実在論にもとづいて、彼は科学的認識論と価値認識論との不可分な結び付きをはかった。

こうしたパースのプラグマティックな考え方と違った見解がジェームズにみられる。ジェームズはパースと違って、〈数学や実験室〉に不適格であったとされる。彼は〈事実への忠実さ〉〈経験的事象の重み〉などに関心を示し、それゆえ、〈自然のなまの素材との直接の交わり〉を得ようとした。このような彼の態度が個別的、特殊的な問題に関心をもたせ、心理学的、生物学的観点から真理論に向かった。それゆえ、彼の真理論は決して永遠の真理に向かわない。真理は個々の状況において具体的に語られる。真理は私たちの観念に起こってくるものであるが、その観念が真となるのは、その観念によって私たちの行動がうまく導かれていくとき、つまりその観念が有用であるときなのである。その意味で、真理は私たちの行動に実際に通用する価値、価値現金を与える。真理はすべて私たちが個々の具体的状況において効果的に行動する過程に働く、〈複数の真理〉ということになる。

このような真理論にもとづいて、ジェームズは科学と宗教との相克といわれる問題の調停者としてプラグマティズムの役割を説いた。科学は実験主義の立場をとり、検証可能な仮説を求め、無限に自己修正と増進への道を開いていく。しかし私たちは科学的に検証不可能な立場にあって、行動しなければならない状況にしばしば出会う。その状況にあって、私たちがある観念を信じて行動することによって、よりよいと思われる行動に導かれるとき、私たちが行動した意味を見出すことができる。神の観念をもつことも同じように言える。ジェームズは、私たちが神の観念をもつことによって、私たちの実際生活に価値をもたらすなら、その観念は善であるし、その限りにおいてその観念は真となるという帰結に導いたのであった。このようにして、彼の真理論は〈有用性〉という基準を宗教の問題に適用し、科学と宗教との間の調停をはかろうとした。

ジェームズのプラグマティックな真理論は、フランクリンの生き方を想い起こさせる。〈有用なものは真である〉という基準を求めて、それを具体的な生活に適用していく態度には、フランクリンの実利的、功利主義的態度と共通なものがあり、ここにある意味ではアメリカ的な知性が形成されたことを物語るものであろう。ジェームズの思想は当時のアメリカ的精神をうまく表現していたが、パースの思想はさらに未来に向けられていた。パースのものの考え方がより未来へと向けられていて、彼の本分が論理思考にあったことも含めて、彼の考え方が現代において生きているのである。

ともあれパースの思想がアメリカにおいて広く知られるようになったのは、戦後であった。その間アメリカはさまざまな問題を抱えていた。アメリカはいまから一〇〇年昔とは違っていた。枚挙のいとまがないほどアメリカは変わっていった。すべての分野においてアメリカは世界の指導的役割を果たすこととなった。それは政治の分野だけではなしに、世界は経済的にも、文化的にもアメリカなしにはことが運ばなくなっていった。

この問題は、現在平和運動や反核運動となって人々の関心を引きつけているし、人種問題となってあらわれて、黒人解放運動や少数民族問題となって発展している。また男女の性解放の運動も起こっており、さらにはバイオエシックスの問題が起きて、新たな科学技術に対処しなければならないとか、また汚れいく環境問題に対処しなければならないという問題を生み出している。これほど大がかりな社会の変革が強いられている。

この根は実にパースが育ち、過ごし、そしてそこで生きた時代にあったことを考えるとき、私たちは歴史の重みを感じさせられる。パースという独創的な人間は、一九世紀から二〇世紀の初頭に生きたのではあるが、この時代はそうした才能をもつ人を受け入れなかったようである。しかし時間は必要としたが、アメリカは結局その独創的な才能をも受け入れてしまっている。アメリカというヨーロッパになかった新しい国がつくられて、アメリカは実にさまざまのものを生み出してきたが、こうした多様なものにアメリカはつぎからつぎにヨーロッパにはない新たな活力を与えてきたのであった。パースはその活力を与えた一人である。パースはそのアメリカ人の姿を見出す。

この人の生涯に失敗と成功のありとあらゆる事例を見出すであろう。パースは一九世紀のアメリカの思想に初めてその独創的な姿を示したのであった。パースの思想は初めてアメリカが世界に語った思想であった。アメリカはそれまで独自な思想を表現できずにいたのであった。パースはそれをプラグマティズムにおいて語ったのであった。私たちはまたパースに典型的なアメリカ人の姿を見る。この書ではパースの生き方を描いており、その生き方を通してパースの哲学を綴ろうとしている。いま世界の人々はようやくアメリカの思想に注目するようになった。少なくとも、その根の一つはパース、特にパースのプラグマティズムに求められる。パースの思想は根底においてアメリカン・ウェイ・オブ・ライフが語られている。そのアメリカン・ウェイ・オブ・ライフは彼の実際の歩みのなかから辿ることができよう。

二　パースの生まれ

チャールズの出生とパース家

チャールズ＝サンダーズ＝パース（Charles Sanders Peirce）は一八三九年九月一〇日にマサチューセッツ州のケンブリッジのメイスン通りに、ベンジャミン＝パースとサラー＝ハント＝ミルズの次男として生まれた。ケンブリッジは当時人口八〇〇〇人で、ボストンの郊外の、小さな大学の町であった。ハーバード大学のいくつかの建物があり、それらの建物は木のフェンスで囲まれ、そのなかにはおよそ三〇〇人の学生がいた。

パースの家族は社会的にも政治的にも大変著名であったばかりではなく、また知的にもきわめて卓越していた。パースの父親は、当時アメリカで第一級の数学者で、ハーバード大学の教授であった。また彼はユニテリアン派（プロテスタントの一派）の信者でもあった。母親は、上院議員エリジヤ＝ハント＝ミルズの娘であった。二人には、長男ジェームズ＝ミルズ（一八三四―一九〇六）

アメリカ科学振興協議会での
父ベンジャミン＝パース(左)

がおり、ハーバード大学の教授となった。チャールズの弟ベンジャミン＝ミルズ（一八四四―一八七〇）は、工学を学び、将来が嘱望されたが、若くして亡くなった。妹はヘレン＝ハンティントン（一八四五―一九二三）であった。チャールズと関係した家族の手紙の大抵は彼女を通してなされた。そして弟ハーバート＝ヘンリー＝デイビス（一八四九―一九一六）は、外交官となり、活躍し、ポーツマス講和会議ではアメリカ合衆国の代表の一人であった。

パースの先祖は典型的なニューイングランド人で、その家族は、英国のノーウィチの織工であったジョン＝パース（John Pers）のとき、ピューリタン移住の集団移民で、一六三七年に、マサチューセッツのウォータータウンに移住した。四世代にわたって、一族は農夫、職人、商人などをした。それからジェラミール（一七四七―一八三一）のとき、パース（Peirce）の綴りにして、セーレムに移り、中国貿易をして、富を得た。

祖父のベンジャミン（一七七九―一八三一）は、中国貿易に失敗した後で、最後の死の五年間ハーバード大学の図書館員であった。彼の息子のベンジャミン（一八〇九―一八八〇）が学者となったのは彼の影響が強かった。ベンジャミンはハーバート大学で数学と天文学の教授だった。ベンジャミンは、南北戦争以前のアメリカで最も卓越した数学者であり、ヨーロッパでもまた高い評価を得た。彼には弟チャールズ＝ヘンリーがいて、ローレンス科学学校の物理学者で、後に化学の教授になった。そして生涯独身を通し、文学を好んだ妹シャロッテ＝エリザベスがいた。

チャールズはアメリカに渡ってきたパース一族の八世代目にあたった。彼は自分の先祖に興味をもち、晩年になってから自分の先祖のことを調べている。

「パースという名前は、たんにピーター（Peter）という名前の他の形であり、無数の卑しい人々に与えられている。私の曾祖父の曾祖父よりもかなり遠くに遡るパース家系には、数学者と精密さに関わる人々による異常な関係が記されている。

妹ヘレン＝ハンティントン＝パース

私の直接的な先祖のうち二人、ローレンスとキャサンドラ＝サウスウィックはマサチューセッツの集会で死刑の宣告を受けた。さらに子供たちは奴隷として売られるように命じられた。しかし彼らはどうにかしてシェルター島（クェーカーの避難所）へ逃れた。これが大いに特徴的であった。

私の父親はマサチューセッツの市民たちの大多数の人々から、サウスウィックの場合とは違って、宗教的信条からではなく、政治的信条から、つまり彼の罪（奴隷制度支持）を知っている人々から、まったく同じようにみなされていた」。

彼の父親ベンジャミン＝パースは、並み外れた人間であった。彼は学者であったが、アメリカの教育の改善に努め、特に科学の高等教育を改善する運動の中心となった。アメリカの指導的な科学者のグループを組織し、ワシントン議会に科学基金を通過させたり、また国立大学設置運動を支援したりもした。彼はアメリカ科学振興協議会の会長になった。一八六七年から七四年まで、ハーバード大学での教授職につきながら、チャールズが勤めることとなるアメリカ沿岸測量部の所長職についていた。

彼はまたあらゆる面で特異であり、非因習的な人間であった。

父、ベンジャミン＝パース、
ハーバード大学の教え子たちと

その外貌は、長い灰色の毛髪、灰色の長い顎鬚をし、異常に澄んだ目をし、予言者の感じを与える、真の天才のように見えた。彼の講義は、評判が高く、人気があった。彼は数学をピタゴラス学派の祈禱師のように教えた。ボストンでは優勢的であった、ニュテリアン派の信者であったけれども、彼の見解は非オーソドックスであり、黒人奴隷制度を支持し、その見解は同宗派から非難されたし、また彼はアングロサクソン民族の優越性を信じ、黒人が精神的に劣っていると信じていた。

彼はチャールズに自分がトマス＝ジェファソンであるかのようにつぎのように書いている。

「純粋にアフリカの血をもった人は、これまで数学者になったことはありませんでした。これは彼らに機会がなかったのではありません。彼らは古代のエジプト人、カルタゴ人、ローマ人も、中世のアラブ人、現代では我が国や他の国々と最も親密な関係があったからです。ここから民族によって異なるということになります」（ベンジャミンからチャールズへの手紙、一八六〇年一月二七日）。

ベンジャミンはアイルランド人と他の移民族をきわめて劣っていると見ていた。こうした見方はチャールズに彼の全生涯を通して人間性についての考え方に影響を与えたのであった。

ベンジャミンは、スウェーデンの科学者や神秘家エマニュエル＝スウェデンボルグの非オーソドックスの宗教にも影響されていた。チャールズが後ほど彼の関心を分かち合ったのは知られている。一般的に言って、父親がチャールズに三つの方法で彼の哲学に影響を与えたとされている。つまり、哲学に神秘主義的な好みについての宗教的基盤を与えたこと、哲学に実験科学と数学の正確な方法を与えたこと、そして哲学者と哲学的問題の両方に厳密に、批判的で、懐疑的態度をもってアプローチをしていったということであった。父親のチャールズに対する影響は大きく、父親はチャールズの研究ばかりではなく、彼の性格にも影響を与えたし、またそれだけ一層チャールズの生き方を気にし、生涯にわたって面倒をみることになった。

幼少年時代

チャールズの少年時代の家族は親密で、愛に満ちていた。彼はかなり想像力が豊かで、幼少の頃から、ゲームや謎解きなどを楽しんだ。夏にはノーサンプトンやセーレムの家で過ごした。

パース家の人々は、四男の外交官となったハーバート＝ヘンリー＝ディビス以外には、自己意識が強く、非因習的で、独特であった。そして個人主義が徹底していて、パースの家族には知性を育成する以外、徹底して規律が欠けていた。男性たちは異常なほど、欲するままに振る舞っていた。母親サラーも、特に家族の者には干渉せずに、特に夫とチャールズの好きなままにさせた。

彼の弟ハーバートは、チャールズの一〇歳の頃のことをつぎのように語っている。

「彼は難解な問題を百科事典や他の本から探し出した。また科学、とりわけ高等数学と哲学の深遠な問題について、学識のある父親との議論は、兄弟と妹ばかりではなく、両親にも同様に驚きであった」。

「しかしチャールズは決して物知りの振りをしたことはなかった。陽気な、人を巻き込むような笑い、鋭いユーモアの感覚、即座の機知は、彼を生き生きとさせ、どんな集まりにも仲間たちにいつも喜んで迎えられた。彼は年上の人たちの間であろうが、意識しない気軽さで、あるいは最も年若く最も小さな人たちとの遊びに加わってもただ気張らないで、いつも自分自身を主張できた。彼自身が選んだのは、知的ゲームで、特にチェスであり、チェスについては早くからマスター（優勝者）になった」（「ボストン・イブニング・トラスクリプト」一九一四年五月一六日）。

また従姉妹のメアリー＝ハンテングトンはつぎのような思い出を語っている。

「チェスのゲームは毎日行われました。彼が求めたからであります。私は彼を喜ばすために彼と遊ぶのが好きでしたけれども、そのゲームには才能はありませんでした。しばしば逃れたかったのです。そんなわけで一度敢えて拒絶いたしました」（メアリー＝ハンテングトンからヘレン＝パース＝エリスへの手紙、日付なし）。

ケンブリッジのパースの両親の家

このようにパースは子供の頃からチェス、トランプ、暗号、謎解きなどをし、彼と同じ年の頃の子供たちと遊ぶときには、自分が工夫した暗号を作って、使ったりした。そしてまた小さなときから数学の問題に取り組んだり、化学の実験室を作ってもらい実験などもしていた。彼は八歳で化学者となったと言われているように、家に実験室を作り、リービヒ（一八〇三―一八七三、ドイツの化学者、炭水素定量法などで知られる）の定量分析の実験をした。一〇歳で数学者と言われるように、父親が数学者であったので、父親の教育はチャールズの教育に向けられて、公理や原理を知らされることなく、種々の問題、数々の数表、事例を示し、自分でその原理を解明するようにさせられた。また一三歳にして論理学者と言われるほどの早熟の才能を示した。「私はウォートレーの『論理学』を兄の部屋で見つけ、彼に論理学とは何か、と尋ねたのを覚えている。……あの日から今日に至るまで論理学は私の情熱となっている」（MS 843）。

彼の父親は彼に集中力をつけるために、長時間共に過ごした。「彼らは、時折早差しホイストのゲームを夜の一〇時から日の出までした。父親はどんな誤りも容赦なく批判した。後年になって、この訓練は病や痛みにあったときにも、チャールズが衰えることのない力で、夜更けまで著述するのに役立った」（ワイス『アメリカ伝記辞典』14より、バーンシュタイン『パースの世界』訳本一四頁）。このように、父親はチャールズが幼少の頃から、将来学者となるに必要な素質を開発し、それを訓練しようとしていた。チャールズはそうした父親の希望にそって父親の手によって育まれてきたのであった。ここにチャールズ自身が書いた履歴書があるのであげておきたい。

パースの履歴書

自らの人生をチャールズは、大学を卒業のとき、「私の生」として一八五九年に書いた。さらに一八六一年まで書き加えたのがつぎのものである。

一八三九年　九月一〇日火曜日、出生。
一八四〇年　洗礼を受ける。
一八四一年　セーレムを訪問。はっきりと記憶している。

一八四二年　七月三一日、初めて教会に行った。
一八四三年　結婚式に参列。
一八四四年　ミス＝Wと激しい恋に陥った。私の教育が始まった。
一八四五年　クィンスィ通りの新しい家に移った。
一八四六年　ママ・セッションに行くのをやめ、ミス＝ワレスのところへ行き始めた――私が多くのことを学んだ非常に楽しい学校と激しい恋に陥ったミス＝Wとを区別するためにミス＝Wと記す。
一八四七年　きわめて真剣に、しかも希望のない恋に陥り始めた。化学の課題をすることで、私の気持ちを抑えた――私に長い体験を特効薬として薦めることができる解毒剤であった。
一八四八年　叔父C＝H＝ミルズと一緒に町に住むために行った。そしてT＝R＝サリバン尊師の学校へ通った。そこで初めて話術の授業を受けた。
一八四九年　学校をずる休みし、蛙のいる池で水浴し、病気になった。回復するとケンブリッジに呼び戻され、ケンブリッジ高等学校に入学した。
一八五〇年　「化学の歴史」を書いた。
一八五一年　輪転機を設けた。

一八五二年　討論クラブに入った。
一八五三年　放埒な人間だと公言し、悪い学生となった。
一八五四年　数度にわたって放校されるが、優等生で高校をでた。およそ六か月間（父親と）数学に取り組み、その後町のディクスウェル学校に入った。
一八五五年　ディクスウェル学校を卒業し、大学に入学した。シラーの『美学書簡』を読み、カントの研究を始めた。
一八五六年　大学二年生。放埒な人間を断念し、快楽の追求を求めた。
一八五七年　大学三年生。快楽の追求を断念し、人生の楽しみを求めた。
一八五八年　大学四年生。人生の楽しみを断念し、〈虚栄の虚栄！　万事が虚栄である〉と叫んだ。
一八五九年　人生において何をするのかを疑った。
［一八六一年に加筆］
一八五九年　沿岸測量部の助手に任命され、メーンに行き、それからルイジアナへ行った。
一八六〇年　ルイジアナから戻り、ハーバード大学で、試験監督職に就いた。自然史と自然哲学を研究した。
一八六一年　もう人生で何をするのかを疑わず、私の目的を決めた。

これはパース自身が書いたパースの履歴であるが、ここには三つの主な事柄が描かれている。一つには、科学と哲学とのつながりを求めてきたということである。化学実験をしたり、数学に取り組んだり、カントの研究をしたことである。もう一つには、彼のダンディズムへの憧れが描かれている。幼いときからの恋、放埒であること、悪童、快楽の追求、人生の享楽、シラーの『美学書簡』などがそれである。そして三つ目には、彼の人生の目的についての悩みであった。

パースの病気

それからパースの履歴にも書かれているように、蛙のいる池で水浴したとき、病気になったという記載があるが、それ以降彼の生涯は絶えず病に悩まされ続けた。彼はしばしば神経の疾患にかかった。子供のときから、重い風邪、頭痛、熱病などにかかり、神経過敏であり、通常の病でもしばしば多様な種類の病の発作を起こしていた。一八五〇年代の後半からは、彼は神経痛という最も重い病にしばしばかかった。特に大学四年生のとき、激しい苦痛の伴う神経痛を再発した。この病には父親もかかっていた。この恐ろしい苦痛を和らげるために、父親とチャールズはエチルエーテルと阿片の煎じ薬を飲んだ。チャールズはモルヒネを常用し、またコカインも常用し、麻薬に溺れていたことは確かであった。

パースは痛みがなくなったときは、楽しく、思慮深く、陽気で、愛らしく、いい仲間であった。

しかし苦痛に襲われると、鬱的になり、極度に懐疑的になり、些細な邪魔立てにも我慢ができなくなり、横暴にもなった。彼の麻薬の耽溺は彼を大いに情緒的にした。麻薬は彼に安易にひどいことをさせた。彼はダンディーとして遊びにふけった。パースの遊びや快楽の追求の多くは恐ろしい苦痛から逃れるために、緊張した、絶え間ない欲求からなされたのであった。

一八五〇年代からこうした病に悩まされたパースの生涯であったけれども、幼少年時代は温かい家庭愛に包まれた幸せな時を送った。

左利き

チャールズは言語使用が難しいと不平を言っている。「私の能力のなさの最も極端で、嘆かわしいものの一つは言語表現ができないことです」（MS 632）。「私は左利きです。それは大抵の人々がするような仕方で、自分の頭脳を用いることができないことだとしばしば考えています。そしてこの特異性が私の思考の在り方を惑わすのです。それゆえ、私は〈独創的〉と考えられた不幸のもとでいつも仕事をしています。決められた題材では、同じ様なことをしているどの人間よりも拙く書く傾向があります」（MS 632）。「この未熟さは私が左利きであるという事実に結びつけられます。というのは、私の左利きはたんなる偶然ではなく、私が最後の学校を出たとき、右手で器用に書いたのですが、左手では読みとることができるようには書くことはできなかったという事実によって証明されていると思われる器官的な原因があるからなのです。それにもかかわらず、三年間続いているこの習慣を継続しようと努力しなくなったとき、すぐに左手を用いることに戻ってしまいました」(MS 632)。

このように、彼は左利きであるということに、特別なものを見ていたようであった。

学生時代

履歴書に書かれていたように、彼の学生時代は放埒であることに自負をもち、人生の快楽を求め、享楽の生に走った。彼は極度に学業を嫌った。ちゃんとすることができないのは、直接的に左利きのせいであると書いたことと符合していた。そしてチャールズがディクスウェル学校にいたとき、父親は彼の妻に「チャーリィは大変いいようだ。ディクスウェルが反対のことを言っているが、彼が聡明になっていることを大いに期待している」と書いている。チャールズが大学一年生になったときでも、家族の者はよくやっていると考えていた。しかし大学では八九人中七三番目で大学をさぼっていた。

大学二年生のときには、ほんの少しだけよくなった。彼はクラスのうちの下から三分の一ぐらいのところにいた。父親はこの年に学業成績がよくないことに関心を示し、少なくとも化学だけはマスターすべきであると彼に言った。化学の成績は上がったけれども、この学年のとき、パースは飲酒をして重大なトラブルを引き起こした。少なくとも酔っぱらった状態で、甥のペインと一緒にボストンから出ていくところを叔父にみつけられた。ペインは、チャールズの最も親しい友人でもあり、共にシラーの『美学書簡』を研究したりした仲であった。怒った叔父はハーバード大学の総長ウォーカーにチャールズとペインとの関係について手紙を書いた。チャールズとペインとの親しさは害悪への誘惑以上のものがあった。それは後ほど〈ミューズの遊び〉と呼んだ、シラーの「遊戯衝動」によって鼓舞された探究のロマンスであった。

大学二年生は九〇名のうち六一番目であった。そして三年のとき、九三名のうち四七番目であった。彼は、大学では特に印象づけられる講義もなく、父親の非形式的で、厳格な教えを受けることに優位性をおいていた。一八五九年の夏に合衆国の沿岸測量部とのコネクションがあって、メーン州で測量調査に参加した。

チャールズの四年のときは、神経痛の発作が起こり、成績は九〇名のうち七九番になった。卒業後、チャールズは研究生としてハーバードに残り、時折家庭教師をしながら生活した。一八六二年には、マスター・オブ・アーツの学位を取り、翌年には最初のバチェラー・オブ・サイエンスの学位をローレンス科学学校から化学において受けた。一八六三年から六七年まで、再び研究生としてハーバードの名簿に登録されている。

彼は大学での教育の大部分に対して軽蔑を表した。そして成績は悪かったけれども、彼の大抵の同僚たちと同様に、ラテン語と特にギリシア語をマスターし、それが彼の創意に富んだ哲学言語の源になった。彼はシェークスピアをマスターし、その多くを記憶し、しばしば朗読をした。そして一八六四年には、シェークスピアの発音の研究について書いた。それが後の仕事の多くの記号の概念のモデルとなった。

チャールズは大学の規則的な活動からほとんど全く離れて、社交的な、知的な生活を送った。彼の社交に対する態度は、彼の家庭の雰囲気を受け継いで、演劇やオペラに興味をもち、演出者たちを家に招くほどであった。彼が少年のとき、ケンブリッジ高等学校での弁論部の部員とドラマの作品、たとえばポーの『大鴉《おおがらす》』を読んだりし、雄弁な才能をもっているという評判をかちえたりした。彼はそれを大学に行っても持続させ、四年生のとき、文学作品を上演するエリートグループの創設メンバーとなった。

若き日の思索

若き日の彼の思索を示すものとして、つぎの表がある。

「一八五九年五月二一日　完全者は形而上学の偉大な主題であること。
一八五九年五月二一日　超越論の必要はないということ。
一八五九年五月二一日　様態あるいは偶然のカテゴリーの段階について。
一八五九年七月二五日　実在論について。実在論が間違っているのではない。しかし実在論者が科学時代の精神を前進させないということ。たしかに私たちの観念は私たちの感覚と同様に実在的である。私たちは非実在的観念について語る。その観念は、私たちの精神の外にある存在を実現するものとして確実に私たちの精神においてヌーメノンとして存在をもつ。それらは同じ事例である。観念を概念のヌーメノンであると定義する。

忌まわしいもののリスト、実在論者、唯物論者、超越論者、観念論者。

一八五九年一〇月二五日　無限は無意識の観念である。

一八五九年一〇月二五日　対象について。一、事物　二、流入　三、無意識的観念　四、思考の働き　五、魂。

一八六〇年七月三日　無限者、完全者のタイプ。

［一八六〇年春］　私、それ、汝

一八六一年八月二一日　「形而上学と個人」……何故形而上学が読み難いか。それは本に書かれないからである。本には形而上学に対する提案が書かれる。しかしそれぞれの精神は自分自身のために形而上学を展開しなければならない――すべての人間は自分自身形而上学者でなければならない。

［ノートから］「形而上学についての基本的区別に関して」形而上学の真の価値は、むろんそれが実際に適用されなければならない。……観念を分析する仕方を学ぶこと、それゆえそれらを分析することは――ようするに形而上学を研究することは――優れた教育になろう」（MS 917, 920-21, 1140）。

これらの表でパースは彼の特徴ある思考を示し、二〇歳ですでに鋭い分析をし、彼の哲学への方向を示している。第一に、生涯をかけて形而上学追求を課題としたが、それの情熱がみられる。第二に、シラー研究からくる、彼のカテゴリーについての見解が検討されている。第三には、プラグマティックなマキシムの方向が考えられ、形而上学の真の価値が実際的な適用になければならないということが既に述べられている。

沿岸測量部への勧め

一八五九年の秋に、チャールズはミシシッピのビロクシの沿岸測量部に参加し、そこに一八六〇年春まで滞在していたが、ルイス＝アガシのもとで化石分類法を研究するために、ケンブリッジへ戻ってきた。この間、ダーウィンの『種の起源』が現れ、パースは短い間、アガシの所での見習いをし、進化についての議論をした。パースは、ニュートンとライプニッツ以来の最大の精神的目覚めを引き起こしたのはダーウィンの生物学的進化の理論だと信じた。そして彼の〈偶然的進化〉と呼んだ偶然に起こる変種についての彼の着想に完全に同意する一方で、彼は精神の進化を説明するのに、自然淘汰の教説を決して十分なものとして受け入れなかった。彼は後年精神の進化を愛の優しい目的的行為に依拠すべきで、〈アガペー的進化〉と名付けた。

一八六〇年の秋に、ハーバードでの試験監督官に任命された。一八六一年一月一九日、チャールズはハリエット＝メルシナ＝フェイ（ジーナ）と婚約をするために、彼女の家を訪れた。ジーナは、マサチューセッツに移住した一七世紀のユグノー派の家族のフェイ家の子供であった。父親のチャールズ＝S＝フェイは、ベンジャミンとハーバードでのクラスメイトであり、友人であった。ジーナとチャールズはすでによく知っていた。

一八六一年七月にチャールズは沿岸測量部で、七か月後に最初の公的な職に、つまり計算助手に任命された。この任命は一年後徴兵制に服さなければならないことに役立った。彼は徴兵を免除された。一八六二年の春、チャールズが二三歳でフェイが二六歳のとき、結婚式は行われた。

ジーナのこと

「チャーリィ＝パースは、私の旧友で大学の同僚の、あなたの教会の尊師チャールズ＝S＝フェイの娘で、ホプキンズ司祭の孫娘の、バーモントの若い女性と恋に陥りました。むろん彼女は荒野で予言者を養うカラスのように貧しいのです。しかし彼女はとても知識が豊かですし、本当に偉大な精神をもっている人間です――美人からはほど遠いのですが、チャールズはすっかり彼女と恋仲になっています。彼女は彼を監督教会派に改宗させました。……私は彼が宗教を必要と考えていることに神に感謝しています」、と父親ベンジャミンは彼の親友へ手紙を書いている。チャールズの両親は、ジーナに対して気まぐれな息子が変わっていくことに非常に感謝した。ジーナはロマンティックで、しっかりとした、ピューリタンのフェミニストのインテリであった。彼女の母親の惨めな生活がフェミニズムを主張するようになったと言われている。

ジーナはケンブリッジのアガシ女子学校を出た。彼女は優秀な学生で、卒業式には選ばれて演説をした。一八五九年の夏に、彼女が二三歳のとき、宗教的回心をした。彼女は父親、母親、唯一の子の三位一体を信じ、そして、フェミニズムの原理となったのは、霊魂、知恵、精霊の三位一体であった。彼女は太陽を纏い、星を冠とし、足もとには月をいだいた女性として聖書を通して秘儀的に関わっていることを信じた。この信仰は彼女のフェミニズムと生活の中心であった。

ジーナのフェミニズムは、女性の環境の改善に捧げられていた。彼女の活動は主として三つの領域にわたっていた。一つには女性の教育で、特に高等教育に向けられていた。また男性と直接的に競争せずに、公的な発言を女性に与えるような制度作りをすること。そして結婚した女性を骨の折れる仕事から解放するために、家事を変えるために努力することであった。

ジーナはまた過激な移民排斥主義者で、特にアイルランド人に対してであった。彼女は彼らの野蛮、カトリック教、憤慨を通して、ニューイングランドの生活や文化を破壊することを恐れた。彼女は奴隷制度反対運動を支持したが、黒人は知的に劣っていると信じていた。

ジーナはチャールズと同様に、病身であった。主に婦人科で、神経症で、とりわけ極端に鬱病であった。彼女は肉体的愛を受け入れず、プラトニックな理想として結婚を理解していた。彼女は子供をもたず、また妊娠もしなかった。明らかに二人の結婚には最初から先行きが危ぶまれるものがあった。

パースの最初の妻ジーナ

結婚生活

ジーナは、フェミニストであり、ラドクリフ・カレッジの創設のために働いた。政治的に女性議会を作ることに賛成であり、一八六九年ニューヨークで開催された第一回大会の議長に選ばれている。彼女の仕事としてはケンブリッジの協同家政協会を作り、その事務局長となっていることがあげられる。ジーナとチャールズとの結婚は、最初はうまくいっていた。人も羨むような仲のよさであった。しかし次第に意見が合わなくなっていった。チャールズはジーナをくさし、彼の性格を変えるようにという彼女の希望を受け入れなくなっていった。そして彼女の方は彼と一緒にいる時間を一層少なくしていった。そして一八六二年に始まった結婚生活も一八七六年には破れ、正式には一八八三年に離婚することとなった。

パースの研究

この頃のパースの哲学的研究は、父親の厳しい、批判的な眼差しを受けて、緊張した態度で推し進められていった。一八六二年から七〇年にかけては、前半は主としてカントを研究し、カテゴリーに取り組んだ。その有り様はフランシス＝アボットとの書簡に示されており、そこには彼が取り組んだのが論理学、仮説、カテゴリー、無限性、物自体であったことが記されている。

後半は論理学の研究をし、主にハミルトン、J＝S＝ミル、ド＝モルガン、ジョージ＝ブールといった英国の論理学者だけではなく、オッカム、ドゥンス＝スコトゥスなどのスコラ哲学をも研究した。

チョンシー＝ライト

チョンシー＝ライトとの交友

パースとライトとの交友が始まったのは一八五七年であり、二人はミル、ダーウィンについて議論し、共に研究してきた。ライトは、数学で天分を発揮したが、数学の他、広く物理学、植物学の研究をしたり、他にアレクサンダー＝ベインを研究したり、ニュートンに関心をもち、科学の方法について論じた。彼の見解によれば、科学の方法は新しい実験結果に到達する手段であるというのであった。この構想は、パースのプラグマティズムの出発点となった。またライトは〈宇宙的天候〉(cosmical weather) という概念で、機械論者に対して、自然には純粋な新奇性があり、自然法則のいかなる知識も、それを予知できないし、前もって確かめることができないと主張している。

二人の共同研究の成果はローウェル講義において一八六六年に発表された。チャールズの父親はその講義を大変喜んだ。「私の息子は、科学の論理に関して、ローウェル講義に示した。彼は議論と探究の力の幅の広さ、深さと思考力で、私をすっかり驚かした」(1.86) と語っている。

一八六七年に彼は父親が創設のメンバーであった、芸術と科学のアメリカン・アカデミーの研究生に選ばれた。同年アカデミーに論理学に関する五つの論文を提出した。その第三の論文が彼の生涯で最も重要なものと考えられるもので、彼は一九〇五年にそれについてつぎのように書いている。

「一八六七年五月一四日に、ほとんど狂気になるばかりに思考を集中させ、眠っていたときさえ考えていた思考の三年の後、私が『芸術と科学のアメリカン・アカデミー会報』(VOL.VII, pp. 287-98) の『カテゴリーの新しい表』において哲学への私の一つの貢献は、かの謎「人間存在、行為、思考、そして神と自然との関係」へ見通しを始めることへの懸命な努力であった」(1.87)。

彼はこの評論において、彼の中心となる業績の中味を初めて明白にしたと考えたのであった。それはそれから一〇年後に発表され、彼の中心的業績の一つとされている「観念を明晰にする方法」

で明らかにしたプラグマティズムに関するものではなかった。彼の成熟期に、「私が世界へした贈物は、もし何かあれば、カテゴリーについての発見」であった。その新しいものはカテゴリーの三項性である。つまり性質、関係、表象あるいは記号である。第一のカテゴリーは単項的であり、第二は二項的で、第三は三項的である。

またパースはアリストテレスとバークレーを批判している。とりわけ彼らは事物の日常的現象の背後を見ていない。パースは現象を吟味し、それは複雑であることに気付いた。しかしカント的な意味においてではなかった。彼は〈物自体〉のような不可知的なものの可能性を拒否した。また彼はバークレーの唯名論を実在についての不十分な表象ということで批判している。

私たちの知覚が雑種であるという事実は、パースが研究した英国の経験論者の哲学的見解と同様に、深く彼に影響を与えたが、彼の見解は経験論者のものではなかった。パースが取った方法は、科学者と論理学者の方法であった。一八六七年の「カテゴリーの新しい表」で、パースは知覚のどの活動にも性質、関係、表象の三要素を見出した。そして例えばさらに分析をして、全ての表象は、記号から成り立っており、記号には三種類がある。それらはイコン、インデックス、シンボルである。

シンボルは名辞、命題、論証の三種類からできている。論証は、前提と結論との三つの関係を示す三種類の仕方がある。仮説、帰納法、演繹法である。これらの三項の各々は、元の三項の特性を示す。その結果、イコンは性質の記号であり、インデックスは関係の記号であり、シンボルは表象の記号である。それゆえ、パースの建築術的体系は、三項的であるばかりではなく、厳密にいえば階層的でもある。

パースは、空間、時間、数、形態などの実在の局面の知覚の活動を仮説的推論（後には知覚的判断）と呼んだ。そして彼は認識の論理的世界でもって、彼の体系をスタートした。

パースの就職の話

「パースは［ハーバード大学の観測所で］、年に二五〇〇ドルで天文台の助手になった。しかし私は彼が何処かで哲学の教授職に就ければと思っている。私はこのように熱烈に、しかも完全に事柄に没頭する男をみたことはない」（1.102）という彼の友人ウィリアム゠ジェームズの発言がある。一八六九年には、パースがハーバードにとどまるには二つの可能性があった。一つは、そして最も望ましいのは、特別コースに進むことであって、それが哲学の永続的な職になるかもしれないというのであった。もう一つはそれまで助手であった観測所での地位が利用できるかもしれないというのであった。

パースは天文学に関心をもっていたが、しかし論理学への情熱からすれば第二義的だと考えていた。一九一一年のある草稿に「私自身の感情では、論理学以外の他の科学では何をしても、方法論的に一つの練習に過ぎなかった」（1.1, 3）と書いているように、彼は何をするにしても究極的には論理学に関心を示したのであった。

三　沿岸測量部とプラグマティズム

パースの兄弟の死

パースの下の弟、鉱山技師ベンジャミン＝ミルズは一八七〇年四月二二日に二六歳でミシガンのイシュペニングで亡くなった。ベンジャミン＝ミルズについて、パースは「彼は本当に素晴らしい才能の持ち主だった。彼は自己制御以外、ほとんど全てのことを理解した。彼は非常に懸命に勉強した。勉強は抜群であった。また彼は非常に熱心に遊びもし、多忙な日を送った」（1.105）と著している。

弟ベンジャミン＝ミルズ

ミルズは彼の家族から遠く離れ、野生の生活を送った。ミルズは思慮深かったが、ホモセクシャルであった。パース家は、異常な子供たちを生みだした。四人のうち一人ハーバート＝ディビスだけが、並みの生涯を送った。期待されたステップを歩み、正業につき、型通りに生き、著名な外交官となり、国家の書記官補となり、また、兄弟たちのなかで、子供をもった唯一の人であった。

観測所とヨーロッパへの旅

その頃アメリカ合衆国沿岸測量部は、他のアメリカとヨーロッパの天文学と地質学研究所の人たちと一八七〇年の日食を観察するための遠征隊を出すことに決めた。観察の最適な場所は西地中海であると決められた。チャールズと兄のジェームズ＝ミルズは観察隊が観測するのに最もいい場所を決めるために、その場所を探る役割が与えられた。

この大旅行に出発の前夜、ハーバード大学の総長エリオットから、パースは留守の間観測所からのサラリーが停止されると知らされた。この出来事は、パースに嫌疑を引き起こさせ、二人の間の仲たがいになる始まりとなった。パースはハーバードが彼を除こうとしていると考えた。実際に、翌年に予定されていた講義がキャンセルされた。これは恐らくエリオットがしたものであった。

六月には、チャールズとミルズはヨーロッパに向けて出航した。費用のかかる旅が始まった。彼らの旅程は、ほとんどヨーロッパの全ての主要な都市が組まれていた。ロンドン、ベルリン、ドレスデン、プラハ、ミュンヘン、ヴェニス、フローレンス、ローマ、ナポリ、シシリー、南スペイン、ギリシア、テッサロニケであった。

秋には父親ベンジャミン＝パースもジーナを伴って最終準備をするために行った。そして一二月の日食を観察するために、シシリーでチャールズとジェームズ＝ミルズとに加わった。

日食観察のための遠征隊
（後列左から４人目がチャールズ）

ヨーロッパでの生活

ロンドンに着くと、チャールズは論理学者ド＝モルガンを訪ね、近代論理学の歴史において最も重要な仕事の一つである、論文「関係の論理のための命名の記述、ブールの論理学の計算の概念に関する増補からの帰結」を手渡した。それをパースは論理学者スタンリー＝ジェヴォンズにも渡した。

　また科学的探究も成功だった。ジーナも素人であったけれども、太陽のコロナに異常な現象を目撃し、報告できたことを喜んだ。これはチャールズにとって、科学の国際協力による最初の経験であったし、科学の社会がいかに重要であるかを例証するものであった。

　彼はヨーロッパにいる間ハーバードでの彼の将来についての最終決定をし、「私は観測所に戻るつもりはありません。できる限り論理学に捧げたいと思っています」（ジョゼフ＝ウィンロックへの手紙）と書いている。

パースが一八七一年三月に、ヨーロッパから帰国したとき、三一歳で彼は英国の論理学者や数学者に強い印象をもって迎え入れられた。彼は論理学の領域での執筆をしたり、「ネイション」「北アメリカ評論」そのほかの雑誌などに書評をした。彼の評判は増大していった。

沿岸測量部の時代

一八七一年には、パースはワシントンとケンブリッジ両方に住んだ。そして彼の履歴で中心的な焦点となった、沿岸測量部の仕事で最も重要な仕事の一つである、測地学の領域で、重量測定学、つまり重力の測定の仕事をした。また彼はハーバードの観測所でジョゼフ＝ウィンロックの助手として工学の研究にも携わった。

彼はジーナとはしばしば離れて仕事をした。というのも、チャールズがワシントンで過ごしたり、ジーナがフェミニストとしての活動をしていたからであった。

パースから妻ジーナへの手紙がある。

「最愛なるジー

ダーリング、私は今晩一緒にできればと強く希望致します。私があなた、私のゼロ（『デモクラテック・パーティ政治的研究』の著者のジーナのペンネーム）の声を聞いたり、会ったりして以来もう長いことになります。書いた手紙だけが私たちを親密にさせますので、私は日に二度書くべ

きです。……このオフィスで日曜日に一緒にいることができればどんなに楽しいのかとあなたは考えませんか」(2.18)

一八七二年四月八日に、ベンジャミンは自分の息子チャールズを沿岸測量部のワシントンでの助手の長に任命した。ベンジャミンはそこの所長であった。彼はハーバード大学で数学の教授をしており、彼はワシントンでの自分の勢力が反映され仕事もできる人間を必要としていた。それでジュリウス＝ヒルガードが測量部の仕事でヨーロッパにいる間に自分の息子を使った。

この任命と同時にチャールズはジーナと一緒にワシントンに移った。ワシントンはケンブリッジとは違っていて、街はサロン、売春宿、下宿屋、政治につきものの金目当ての職などで満ちていた。ジーナはその場所を非難し、「アトランティック・マンスリー」誌に「ワシントンの環境」を書いた。住んでまもなく彼女はそこを出て、夫の好きなままにしておいて、自分の好きなことをやった。それぞれが好きなことをし、うまくいっているようであった。

一八七三年八月まで、パースは測地学と重量測定学において、理論的で、実践的な問題の準備的な仕事に携わっていた。彼とジーナが共にいたときですら、彼は彼の勤め以外の時間を仕事に没頭した。一八七三年八月には、フーサック山での重力の実験を始めた。一八七四年には父親のベンジャミンは沿岸測量部の所長を断念し、それの〈顧問幾何学者〉となった。新しい所長はC＝P＝パターソンとなった。ベンジャミンとパターソンは、アメリカにおける測地学をヨーロッパの基準に引き上げるために、チャールズが少なくとも一年ヨーロッパで過ごすべきであると決定した。

ヨーロッパでの研究

一八七五年四月にチャールズが重力測定の研究で、ヨーロッパに出発する前に、ジーナは彼女の留守の間彼が情事をしていたという彼女の嫌疑を持ちだした。夫が測量部に勤めている魅力的な女性が彼女のジェラシーの対象となった。ジーナは七三年から七四年の冬の多くをケンブリッジで過ごした。彼女は彼女の姉妹アミィに自分の結婚について語り、チャールズが自分を愛しておらず、彼と別れるという自分の思いを語っていた。しかし情事をしたという女性に関しては、チャールズの母親のつぎのような手紙がある。

「彼女は自分の家庭でちゃんとよくやっているようです。彼女とチャールズとの間の親密さは、潔白で、たんに友人関係だと思います。ここにきて以来、私は心配して二人の交際を見ております」

その女性とチャールズとの交際は潔癖であるという結論に達したようであった。こうしたトラブルがあったが、ジーナは夫に従ってヨーロッパに行き、二人は四月の中頃リバプールに上陸した。パースは早速英国の科学者たちと測地学について議論した。

六月には観測所のジョゼフ＝ウィンロックの死の通知を受けた。父親ベンジャミンはパターソンへ手紙を書いた。「私はあなたがエリオット総長に手紙を書き、観測所の所長にチャールズ＝パースを適任者として推薦してもらいたいのです」。パターソンはそれに答えて、チャールズを推薦し、彼には独創性と創造力があり、第一級の数学の才能があり、最上の観察者であると書いた。しかしエリオットもハーバードの法人もチャールズを選ぶ気持ちがなかった。

チャールズとジーナは英国からドイツへ行き、ジーナは音楽を勉強している妹のアミィのいるベルリンへ行った。チャールズはプロシアの測地研究所を訪れたりし、新しい振り子について、ジュネーブ研究所の所長エミール＝プランタモアに会い、振り方を学んだりした。また秋にはパリで、国際測地協会の常設委員会に出席し、ジュネーブの特別委員会では振り子に関する彼の発見を報告し、国際科学協会に直接に関わった、当時の数少ないアメリカ人の一人となった。

チャールズはヨーロッパに来て六か月になっていたが、かかった費用については、ワシントンには説明していなかった。彼は負債がかなりになると考えて不安になり始めていた。各地への旅で、請求書が多くなり、どこから手をつけていいのか分からないほど混乱するようになった。この問題が深刻になったのは、二人の銀行家と取引をし、銀行家は沿岸測量部からお金を引き出す権限をもったからであった。結局は沿岸測量部の所長パターソンは努力したが、お金を引き渡すことが出来なかった。そこでチャールズの父親が自分の財産を売って払うこととなった。

ジーナは、ジュネーブへはチャールズと同行しなかった。彼女はチャールズがパリに到着したその月に、妹と一緒にケンブリッジに向けて発った。

パリは、パースをすっかり魅了した。パリは当時、フランス文学が流行していて、ボードレールの『悪の華』、フロベールの『マダム・ボヴァリ』などが読まれ、エミール＝ゾラ、モーパッサンなどが活躍していた。彼はフランス文学を愛好して読んだ。彼はダンディーであって、そこでワイン鑑定することをおぼえ、さらにワイン鑑定を洗練するために、専門のワイン係を雇い、メドックワインについてちゃんとした知識を得るために、二か月をかけた。パリでの体験は、また彼を肉体の魅力を発揮させる女に傾かせたのであった。それでも研究心を失うことなく、彼はパリでは取り付かれた状態で、二年後に出された「科学の論理の解明」という論文の構想に関わった。

一二月に、ジーナは所長パターソンに長い手紙を書いた。

「私は長い間お便りをし、私たちの絵画が沿岸測量部の客間にいまもかかっているかどうかお尋ねしようと思っていました。といいますのは、それらの絵画は私たち――私と私の妹――が外国へ行っている間、その部屋をより家庭的にするような何かになろうと考えたからです。私は先日パース氏から大変嫌な手紙を受け取りました。彼は、あなたから彼の歳出費が金あるいは通貨ベースかどうかをこれまで聞いたことがないと言っています。そういう訳で、彼は請求書について当惑しています。それについて彼の方で誤解があると考えざるを得ません。ただもしあなたが哀れなチャーリィにわずかばかりの元気づけをあたえるような言葉を書くことができればと存じます。あなたの公的な立場で、私の愛する夫に対して、彼の父親への友情と併せて、あなたの真摯で、長い間の彼との友情でもって、あなたの力で彼に対して、多くのことができます。私はあなたがそれに気付いておられないなどとは知りませんでした。しかし彼が恥辱ではないとしても、悲惨さに終わる以外にはない道を歩んでいるということを長い間知っていました。彼の両親と兄弟は自分たちの子供がうまくいっていないということをまったく理解していません。それですから、彼は私以外の誰からも一言の忠告とか警告を受けたことはないのです。……私は彼を一人にして、ヨーロッパから帰国し、彼が変わらなければ、彼とはもう一緒に暮らすことができないことを分かってもらうために、思いきった方法をとりました。このことは彼にも分かったと思います。……

チャーリィは現在生涯で大変危険な立場にあります。そしてもし彼にあるよきものが勇気づけられ、訓練され、前面へ引き出されるなら、彼は素晴らしい知的才能の水準へ引き揚げられるでしょうし、この国の実際に輝かしい誇りとなるでしょう。現在いわばあなたの管理下にある、素晴らしいけれども、風変わりな天才に対して、気品のある、賢明な、父親の役割をしてくださされることを希望いたし、ご信頼申しあげます。……」(2.44)

ジーナの手紙はチャールズの性格の弱点を正確に突いているようであった。パースは振り子の研究を続け、測地学を学んでいたが、ジーナに捨てられたことに大変意気消沈をしたのであった。彼の請求書問題も解決ができなかった。またフランス・アカデミーは、彼の研究を引き延ばす理由がないとして彼が振り子研究を持続するに必要な実験施設の使用を禁じた。それゆえ、研究を終わらせないで帰国を考えることを余儀なくされた。彼はパターソンに手紙を書いた。

「私は忠実に研究を継続しています。ここ二か月の間、日曜日以外にそれほど休みを取っていません。私はジュネーブでの一連の専門の実験は完了しました。それに国際測地学会会議はヨーロッパでの私の研究を満場一致で是認しました。彼らは私の研究を完成させるべきだと要望いたしています。私の報告が遅れているのは事実です。……

現在の状態で、私の仕事全部をもって帰国することは大変いけないことだろうと思います。しかし私はもうその研究に支払うことはできません。私は自分の書類をどう作るのかが分からずにこれまで過ごしてきたことに弁解ができません。ですから私の訴えに答えるようにあなたに最後の訴えをしなければなりません。私はあなたが以前それにどうして答えることができなかったのか分かりません。しかし私はあなたの友情を全面的に信頼いたしています」(2.46)

パターソンは返事をしようとしたが、パースの住所が分からなかった。パースからそのとき電報が届いた。「費用は金で支払われるか、パース」。その電報でもパースの住所は分からなかった。ついでに述べると、パースの費用が最終的に解決したのは、一年後の一八七七年二月であった。この未払い事件から分かるように、パースが通常の実際的問題に対処できなかったことを示す事件であった。

パースはこの時期にウィリアム＝ジェームズから弟のヘンリーがパリにいるという手紙を受け取

った。ヘンリーのウィリアムへの手紙がある。「素敵な服と靴でのチャールズ＝パース。彼は観測所で振り子の研究で多忙だ。彼自身はパリの科学者たちに冷淡に取り扱われていると考えている。私たちは一緒に夕食をするのに二、三日おきに会っている。私たちはうまくいっているが、私たちが共感していることは知的なことよりも経済的なことである」(2.50)。パースとヘンリー＝ジェームスとの交際は一時断絶があったが、翌年まで続いた。

「……パースは一週間ベルリンへ発った。……彼の滞在のここ二か月の間、何の親しみもありません。彼についてはほとんど何も知りません。彼は大変よい人間です。それに彼の知的能力は評価されなければなりません。しかしほとんど社会的才能はありませんし、それに彼自身人をもてなす術もほとんどありません。しかし彼はここでは大変孤独で、物憂い人ですし、パリを嫌っていると思います。私は彼に社交性を与えるために出来るだけのことをしました」(2.52)

観測所への教授職の話

彼には、将来のことを案じていくつかの就職の話が出ていた。一つはハーバード大学の観測所であり、もう一つはまたジョンズ・ホプキンズ大学の論理学の椅子への推薦の話もあった。自分の将来をどうしようかと迷って、パースはウィリアム＝ジェームズに手紙を書いた。

「私は父親から、あなたがボルティモア大学の総長に論理学の椅子に私を推薦する素晴らしい手

沿岸測量部時代のパース

紙を書き、私が受け入れるかどうかを尋ねていると聞きました。

それは、情報につきまして私の現在の状態からして答えることが不可能な質問です。沿岸測量部での私の地位は私には好ましいものです。私は大変苦労して振り子を振ることを学んでいますし、それにアンクル＝サムは私を教えるために沢山のお金を使っています。それは大変困難な仕事です。私は現在測量部からちゃんと離れることができるのかは分かりません。まさに目下のところ、出来ると考えることはできません。

他方、論理学の椅子に、ベストを尽くしたいと考えています。そのような椅子は何処にも見つけることができないと思います。他の何処かで、観測所あるいは何処であろうとも、私は少しも気にすることなく、平凡に過ごすことでしょう。論理学の椅子において、傑出した人間になり、そして究極において、大変有用だと思われるアイデアを残しておきたいのです。そうしたことには疑いの余地がありません。私は何をすべきかについて本当に分かっていません。しかしもし私の職業を速やかに変えなければ、私は決して変えることはないと思います。およそのところ、私の妻がそちらにいるので、彼女が決めることに委ねたいと思っています」(2.56)。

ここにパースの心境が赤裸々に告白されていたが、心のなかでは大学が魅力的であった。ジョンズ・ホプキンズ大学への推薦があったけれども、それを断り、測量部の所長パターソンに『重力の決定に関する論考』という五冊本を書くと記しているが、決して完成することはなかった。

一八七六年五月にパースは重症の神経虚弱状態になった。一過性であったが、彼の病状は完全に麻薬のせいであった。病気は心身症的であった。ベンジャミンはパターソンに手紙を書き、チャールズが大変奇妙で、まったく動くことができなくなったと言っている。パースのこうした状態は、その後も起こり、七六年に二度、七七年には一度、七九年にも一度なっている。八〇年には、精神異常の可能性があるとして治療を受けている。

パースは測量部での仕事の他に光学測定研究の重要な部分の拡張に必要な研究をしていた。そしてまた彼は二つの職の候補者でもあった。一つはハーバード大の観測所の所長であり、もう一つは、ジョンズ・ホプキンズ大学での論理学の教授職であった。

パースと観測所との結び付きは、所長ウィンロックの死以前から複雑になっていた。まず総長エリオットとウィンロックとの争いがあって、エリオットが観測所を大学の管理下におこうとしたが、ウィンロックは大学の管理下から独立していこうとし、それがうまくいった。しかしエリオットはいろいろと観測所に干渉した。たとえば、パースとの関係では、パースが一八七〇―一八七一年沿岸測量部の代表としてヨーロッパにいる間に、パースには給与を支払わないことにしたし、パースが一八七二年に沿岸測量部の助手になったときには、観測所の助手を辞めなければならなかった。ウィンロックは七〇年から彼の死にいたるまで、エリオットからパースを守り続けた。彼がそうしたのは、ベンジャミンに対する敬意とチャールズの天文学研究への賞賛があったし、大学の管理機構での彼の地位を保持しようとしたからだと言われている。

パースが観測所の所長に推薦されたとき、エリオットが反対した。エリオットのパースに対する敵対は、パースがローレンス科学学校時代からであって、エリオットがパースの性格について嫌疑の念をもっていたが、パースの『光学測定研究』の出版の経緯で、決定的に不信に変わったとされる。

エリオットは、たとえばウィリアム゠ジェームズがヘンリー゠ジェームズへの手紙に書いているように、「彼の大の個人的欠陥、転機のなさ、お節介焼き、遺恨を抱く性向……」(2.69) であったようで、ハーバードの選考する基準は候補者が安全で、オーソドックスであることであった。したがって、パースのようなソクラテス的精神の持ち主はエリオットの嫌疑を受けざるをえなかった。

ジーナとの離婚

一八七六年に、パースはニューヨークへ移った。彼はアメリカで最初の〈振り子のステイション〉の準備のために、ニュージャージーのホーボーケンにスティブンズ研究所を建設のためにであった。パースはその研究所を自分自身の実験に用いようと望んでいた。

ジーナは自分の夫について行かなかった。チャールズは和解を希望し、待ちつづけたけれども、二人は一緒になることはなかった。彼はニューヨークから彼女に手紙を書いた。

「もしあなたがここに来られるなら、……あなたに来て楽しんで欲しいと言いたい。家具屋からベッドを借りようか、それともワシントンからもって来ようか。あなたは私の電報に返事をくれなかったので、今晩電話しようとしました。……私は現在沢山の仕事をしています。私は長い論文（「信念の固定化」）を『ポピュラー・サイエンス・マンスリー』に書き、そしてもう一つ（「観念を明晰にする方法」）を書き始めています。私は自分自身の心の愛人を、私の甘やかな、貴重な可愛い妻を見るのに、ホームシックになっていますが、ここにとどまっているのは、そうした仕事をしているからなのです。……あなたがここに来るのか、私が戻って欲しいのか知らせて欲しい」(2.79)

時代のことを考えれば、夫と別れようとするジーナの決意は、彼女がフェミニストであったからと言えた。彼女は自分の教会の決まりを守らなかった。彼女はチャールズとは一五年間結婚していて四〇歳であった。彼女は離婚したが、お金があるわけでもなく、貧困な生活を余儀なくされた。夫の不倫、虐待、責任能力のなさ、無節操を体験し、ひどい苦痛を味わった。だが、一方では夫がいかに深くジーナに依存しているのかをよく知っていた。彼女は以前にヨーロッパで彼と別れたことで、彼にショックを十分与えることになると思った。彼にはそれが分からなかった。それで彼女は彼と永久に別れたのであった。

チャールズの母親は息子ジェム（ジェームズ＝ミルズ）に手紙を書いている。「二人の破滅した生について考えることは大変悲しいことです。……チャーリィは私に対して大変愛してくれたようですし、そして彼は大変楽しくし、大変思慮深いと思います。彼がすべてにおいて間違っていたとは考えられません。ええ、そうです。人生は悲しみに満ちています。それにもし愛する心を慰めてくれなかったら、いかに生の重みを支えることができるのでしょうか」(2.80)

ジーナはますます一層アメリカの女性解放に情熱的になっていった。別れてから、数か月ケンブリッジに滞在し、その後ニューヨークへ移り、そこでシカゴで下宿屋を始め、それで生活を得ていた。彼女は一生を女性問題に捧げ、後ほど小説『ニューヨーク』を書いたりしたが、一九二三年に亡くなった。

パースの仕事と研究

一八七八年にチャールズは「観念を明晰にする方法」を書き、結婚に対する不可解な悲歌を書いた。

「多くの人がある趣味として、あまりにも無意味で積極的に偽であるとすることができなく、ある観念の曖昧な影みたいなものを何年にわたって大切にしてきた。その人間はその影を情熱的に愛し、昼夜それを道連れとし、それに自分の力と生命をかけ、そのために他のあらゆる仕事を捨て、そして要するに、その影と共に生き、影のために生き、いわば彼の肉のうちの肉、骨のうちの骨となった。そしてそれからある晴れた朝、目がさめてみると、おとぎ話の美しいメルジーナのようにはっきりと消え、それと一緒に自分の生命の本質をも消えてしまった。私自身そのような人間を知っている。詭弁家、形而上学者、占星術者などいかに多くの物語がドイツの古い物語に語られていないと誰が言うことができよう」(2.83)

このシンボリックで、精神分析的解釈を許す、中世の物語は彼の心を表現していることを語っている。それはチャールズが怒りのメタファーを用いていることは確かであったし、ジーナもその物語をよく知っていたに違いない。

パースの測量部での仕事はうまくはかどっていて、順調であった。彼はジョンズ・ホプキンズ大学から誘いを受け、その気になったが、所長のパターソンにくどかれ、測量部にとどまることとなった。

一八七七年九月にはシュトットガルトでの国際測地学会で発表したいという希望が受け入れられて、再びヨーロッパに旅立った。この旅でパースは「ポピュラー・サイエンス・マンスリー」誌に「観念を明晰にする方法」を書き終え、「信念の固定化」のフランス語訳も完成させた。それにまたこの旅で四つの論文を完成させた。「偶然の教説」「帰納法の蓋然性」「自然の秩序」「演繹、帰納、仮説」であった。これらの論文はパースの過去一〇年間の精密実験科学でしてきた経験をまとめたもので、「科学の論理の解明」という表題で「ポピュラー・サイエンス・マンスリー」誌に発表された。

彼は「一八七三年の論理学」において、いかに科学が前進してきたかを説明した。「解明」は、科学の論理として科学の方法を最初に形式化したものであった。デカルト的懐疑をする演繹的方法に対して、そして伝統的形而上学に対して、最初の徹底した、確信をもった攻撃であったのではなく、同時に私たちが世界を受け入れるときに、出発点がどこにあるかを示し、一歩一歩検証によって進んでいく行き方を示したものであった。

「解明」を読んだ後で、ポパーやヘンペルを読んでみるとおよそ一〇〇年前に、パースが示したモデルにはほとんど何も付け加えていないことを知らされる。またジョシア＝ロイスの学生であった物理学者ビクター＝レンツェンに耳を傾けるとしよう。

「私たちの全ての知識は、帰納、それのアナロジー、仮説から出てきている。パースは、帰納の一般的本性は到るところで同じであり、つぎの例に完全に類型化できると述べている。黒と白との豆を袋から一握り取り出して、そして黒と白との豆がほとんど同じ割合で袋から取り出されると仮定する。もし実験者がこの結論において間違っているとすれば、同じことを繰り返し改めなければならないというのは間違いである。それゆえ、それは妥当な推論である」

こうしたことは「観念を明晰にする方法」であげられているプラグマティズムのマキシムの要約

である。「解明」は彼の最もよく知られた著述であり、〈ウィーン学団〉と論理実証主義者や新実証主義者に彼らの反形而上学的、唯名論的教説と意味の操作主義的見解の重要な先駆者となった。

一八七七年でのベルリンでの国際測地学会では、パースの研究成果は十分に認められ、一一月には帰国したが、オーバーワークで倒れた。翌年の一月には回復した。

プラグマティズムの創設者

一八七一―一八七四年に、形而上学クラブとして有名となったクラブで、少人数の若者たちは、激しい議論を交わした。このクラブのメンバーは、パース、チョンシー＝ライト、ウィリアム＝ジェームズ、それに弁護士ニコラス＝セント＝ジョン＝グリーン、同じく弁護士ジョゼフ＝バング＝ウォーナー、最高裁判事オリバー＝ウエンデル＝ホームズ、歴史家で、哲学者ジョン＝フィスク、『科学的有神論』の著者フランシス＝アボット、ハーバード大学哲学科のヘンリー＝ボーウェンであった。

一九〇四年頃に、当時の形而上学クラブについてパースはつぎのように書いている。「六〇年代において、私は形而上学クラブと呼ばれる小さなクラブを始めた。ほとんど六、七名しか出席しなかった。ライトが最も強力なメンバーであった。そして恐らく私はその次であった。ニコラス＝セント＝ジョン＝グリーンは素晴らしい強力な知性の持ち主であった。それからフランシス＝アボット、ウィリアム＝ジェームズ、他にもいた」(2.9)

一九〇六年に、パースはつぎのように書いている。「［一八七〇年六月に］私は外国へ行った。英国、ドイツ、イタリア、スペインで学んだ。私が帰ってきてから、チョンシー＝ライト、ジョン＝グリーン、ウィリアム＝ジェームズやそのほかエリングウッド＝アボットやジョン＝フィスクらは基本的な問題を議論するために、しばしば集まったものだった。グリーンは特にベインの教説に印象づけられ、その教説で私たち残りの者たちを印象づけた。そして最終的にこの著者は私たちがプラグマティズムの原理と呼んだものを示した。数年後に『ポピュラー・サイエンス・マンスリー』（一八七七年一一月、一八七八年一月）に二つの論文『信念の固定化』『観念を明晰にする方法』で出された。そして続いて『レビュー・フィロソフィク』に出された」(2.9)

ジョン＝デューイはつぎのように書いている。「プラグマティズムという用語は、一八九八年ジェームズ教授のカリフォルニア・ユニオン・アドレスでの開会の講演で用いられた」と紹介されているが、ウィリアム＝ジェームズはそのことを『プラグマティズム』という本のなかで、つぎのように述べている。「この語が初めて哲学に導き入れられたのは、一八七八年のチャールズ＝パース氏によってであった。『観念を明晰にする方法』において、彼は私たちの信念が私たちの行動を支配すると指摘した後で、次のように述べている。およそ一つの思想の意義を明らかにするには、その思想がいかなる行為を生み出すに適しているかを決定しさえすればよい。行為が私たちにとって思想の唯一の意義である。すべて私たちの思想の差異なるものは、たとえどれほど微妙なものであっても根底においては、実際上の違いとなってあらわれないほど微妙なものは一つもないことは確かな事実である。それゆえ、ある対象に関して私たちの思考を完全に明瞭にするためには、対象がおよそどれぐらいの実際的な結果をもたらすか。これらの結果がすぐに生ずるものであろうと、ずっと後に起こるものであろうとも、いずれにしてもこれらの結果について私たちがもつ概念は、私たちにとっては少なくともこの概念が積極的意義をもつ限り、対象についての私たちの概念の全体なのである」

以上がパースの原理であり、プラグマティズムの原理である。この原理は二〇年間、まったく誰の注意もひかなかったけれども、私がカリフォルニア大学におけるホウィソン教授主催の哲学会での講演で、この原理を持ちだし、これを特に宗教に適用した。この時（一八九八年）には、すでに時代はこれを迎え入れるまで熟していたようであった。〈プラグマティズム〉の語は広まった。

一八八九年に出版された『センチュリー辞書』の第一版では、パースが実在論、唯名論、観念論やその他の項目を担当したが、〈プラグマティズム〉というのは哲学の項には入っていない。しかし、この謎解きには、一九〇〇年には、ジェームズ＝ボールドウィンとパースの手紙のやりとりがある。ジェームズは『哲学と心理学の辞書』の編集をし、その用語の定義をすることにあたって、パースに尋ねた。そこでパースはジェームズに尋ねた。「ジェームズ＝ボールドウィンは、〈プラグマティズム〉という用語は誰に発しているのかと尋ねてきた。あなたか私か。最初の印刷は何処であったのか。それについてあなたはどう理解するのか」それに対してジェームズが返事を書いた。「あなたが〈プラグマティズム〉をつくったのです。それを私が〈哲学的概念と実践的帰結〉という題の講演でまったくあなたの功績だと述べました。それにつきまして二年ほど前にあなたに二部送りました」(2.12)

パースが〈プラグマティズム〉を用いたことについて、ジェームズの教え子フィシュの報告がある。

「ある会話で、ジェームズはチョンシー＝ライト、ジョン＝フィスク、それに他の者たちが会員であった哲学クラブについて話した。パースは論文を発表することになっていた。彼らはパースの来るのを長い間待った。とうとう二頭引きの馬車が到達し、パースは黒の外套を着て降りてきた。彼は入ってきて、そして論文を読み始めた。ジェームズが言うには、時間の異なった瞬間が如何に相互に到着の習慣になるのかを話した。[パースには全ての規則性は習慣の取得の結果である]」(2.3) パースは形而上学クラブを種々な形で思い起こし、ボールドウィンの辞書に〈プラグマティズム〉〈プラグマティスト〉〈プラグマティック〉〈プラグマティシズム〉の定義を書いた。一九〇九年彼の死の五年前に辞書の増補版がでた。こうしたことは、ウィリアム＝ジェームズ研究に打ち込んだラルフ＝バートン＝ペリーがその研究書でつぎのように述べている。「プラグマティズムの起源は曖昧であるが、ジェームズによってパースの創設となっているのがプラグマティズムの始まりである」「プラグマティズムとして知られる現代の運動は、ジェームズが大いにパースを誤解した結果である」

フィリップ＝ウィナーは、パースがチョンシー＝ライトや他の人たちに〈彼の形而上学クラブのメンバーであることとした〉パースの元来の創造であったかもしれない。一九五四年の論文「ケンブリッジに形而上学クラブがあったのか」で、フィシュはウィナーの疑問を取り除くものがなければならないことを示した。しかし彼はまたペリーの、プラグマティズムの起源についてのパースの優位性はジェームズの考えであるという主張を認めた。

パースによって与えられたプラグマティズムの起源に関して形而上学クラブとその役割に言及する唯一の出版は、パースの一九〇八年の論文「神の実在についての怠惰な論証」に示されている。「一八七一年においての、マサチューセッツ、ケンブリッジの形而上学クラブにおいて、私は一種の論理的福音として、この原理を説くのに用いた。そしてバークレーに従った非公式な方法を示し、この原理を〈プラグマティズム〉と呼んだ」(2.17)

プラグマティズムは彼には、最も重要な観念の一つであったので、プラグマティズムはその起源を反証するのに彼についてそして彼の最も深く主張された原理に反するような不整合があった。形而上学クラブは存在した。パースにとって、形而上学クラブは、プラグマティズム、彼の〈愛した創造物〉〈生き生きとした観念〉を創造した所であり、形而上学クラブは彼にとって神聖な所であった。

パースは『センチュリー辞書増補』にプラグマティズムの創設者が自分であると主張したのであった。「概念の意味を規定する適切な方法に関する理論。……この理論は、一八七八年の『ポピュラー・サイエンス・マンスリー』誌の『観念を明晰にする方法』という論文でパース氏によってはじめて提出された。一九〇五年の『モニスト』におけるある論文において、多分七〇年代の中頃から、哲学の談話で絶えず用いられてきたとパース氏は言っている。

その用語が公的に紹介されたのは、一八九八年に『哲学的概念と実践的実在』という題でウィリアム＝ジェームズ教授に講演されたのを印刷されたものによっている。そこではその用語と方法の著者がパース氏に帰せられている。パース氏は、この意味を表現するために最近〈プラグマティシズム〉という言葉を用いている」

〈プラグマティズム〉という語の由来は、このようにあまりはっきりとしないが、このような経緯でその言葉が用いられてきたと言っておきたい。いずれにせよ、三三歳のパースからしては、哲学と科学において素晴らしい履歴を歩むことが予想されたが、彼の偉大な期待に対してきわめて入り組んだ、しかも屈辱的な終末を送ることになろうとは想像もできなかった。

四　ジョンズ・ホプキンズ大学への就職の話と再婚

ジョンズ・ホプキンズ大学への就職の話　一八七七年の終わり頃、ベンジャミン＝パースはジョンズ・ホプキンズ大学の総長ジルマンに手紙を書き、物理学の長としてチャールズを推薦した。チャールズもまたジルマンへ長い手紙を書いた。「……大学が私を呼んで頂けること（そうしてくれることが私には非常に好ましいことですが）が決定されたと仮定しまして、まず物理学の部門で精密な欲求を満たし、そしてつぎに私の論理学研究を役立てることが大変有益だと考えます。

ジョンズ・ホプキンズ大学総長ジルマン

私につきましては、論理学者です。論理学の一般化のためのデータは、異なった科学についての特殊な方法です。これらの方法を駆使して、論理学者はかなり深く種々な科学を研究しなければなりません。そのような方法で、私が実際に馴染んでいない、特に電気に関係したかなり多くの問題がありますが、私は物理学者がしているほとんど全領域を学んでいます。しかしながら、物理学の他の領域と化学における精密な操作者でありますので、どんなことでも、特に大抵の器具、象限電位計を使ったり、それらの操作について不安はありません。このようにして、私は論理学者ですが、実験室をもつことが必要だと考えます。

論理学において、ある特定の傾向の、つまり物理科学の主唱者です。……論理学についての私の体系（それの特定の部分に数学的代数学の助けを与える哲学的方法）を確固としなければならない、あるいは物理学の全精神が改革されなければならないと考えます。……

しかし私の将来について、言っておかなければならないことが二つあります。一つは沿岸測量部は、私の案内を必要としているということです。ただし私の時間の多くを将来費やすことがないと思います。二つ目には、私の大変痛々しい個人的な事柄でして、それについて話すことを好みません。しかし出来る限り、最小限にお話し致します。それは長年にわたって妻と意見が不一致な状態にあり、長い間彼女とは一緒に暮らしておらず、一年以上も会っておりません。私たちは決して一緒にならないことは確かです。……ボルティモアに私を招待してくださることを真剣にお考えいただきたいと存じます」

三月にジルマンから講師職の申し出を受け取った。パースは教授職でなかったことに失望して、

「全体として、私が沿岸測量部にとどまるべきであるということをあなたの提案として受け取らざるを得ません」(2.102) という返事を書いた。

パースとジュリエットとの付き合い　一八七七年の冬と一八七八年の春に、パースは振り子の実験と彼の設計によるスペクトル計の実験をホーボーケンで続けた。そして六月には、ロッキー山脈でのステイションで実験する準備を進めていたが、基金が少なく、この構想を断念している。彼は夏にケンブリッジで過ごした。事実、パースがジョンズ・ホプキンズへ地位を求めたことと測量部へいることとの義務感と葛藤をしていたことは確かであった。

しかし彼のケンブリッジ行きは、大抵ジュリエットとつまりプールタライ夫人との付き合いのためであった。彼女と五年間付き合って、その後結婚した。パースは結婚の二日前まで、ジーナと形式的に結婚していた。

一八七九―一八八〇年に、ジョンズ・ホプキンズ大学から講師の申し出を受け取り、「私はジョンズ・ホプキンズからいくつかの講義をし、論理学の紹介をして欲しいという提案を受け取りました。沿岸測量部への私の義務に干渉するつもりはないとはっきり言っているので、私はそのような取り決めにあなたは反対がないと思い、受け入れようと考えています」(2.115)

パースはワシントンにいる間、ホテル・ブレボートとセンチュリー・クラブに滞在した。ブレボートは高かった。ワシントン・スクウェアの五番街に建てられたコンチネンタル様式のホテルで、金持ちに利用され、社交的に重要であった。パースはホテルのスタッフによく知られていた。一八七六年ジュリエット＝プールタライにそこの舞踏会で恐らく会ったのであった。彼らの情事はブレボートではかなり知られ始めていた。

センチュリー・クラブは、当時最も重要な人物が集まる場所であった。そのメンバーは銀行家、科学者、作家、出版業者、探検家、興行主、政治家、詩人などが含まれていた。それでパースにはお金が必要であった。父親ベンジャミンは所長のパターソンに給与の値上げを依頼し、パターソンは財務長官に給与値上げを推薦する手紙を書いている。

「パースは四〇歳で、一八年間測量部で働いています。パース氏は非常に独創性のある振り子の観測において特別な前進をさせ、わが国と外国との両方のすべての物理学者にこの重要な科学的主題に最も深い関心を呼び起こし、ヨーロッパにおける振り子観測に主要な最初の点で、これまでのすべての観測の完全な改訂に導きました。事実、パース氏は……この問題に成功して取り組んだわが国最初の人間です。……パース氏の仕事は、測地学の科学、測量の科学的評判、それゆえ、国の評判を大いに前進させました」と書き、パースの給与の値上げを訴えた。しかし彼の給与は上げられなかった。だが、このことによってパースが測量部を去ることが自由となった。

その年の九月に、パースはボルティモアに移った。彼は振り子ステイションをアレガニー山脈のエーベンスバウからペンシルバニアのヨークへ移した。ボルティモアから汽車で一時間たらずのところであった。

ボルティモアでの生活

ボルティモア市は、一八八〇年まで、およそ四〇万人のヨーロッパの移民とアフリカ＝アメリカ人との多民族混交体であった。英国人、スコットランド人、アイルランド人、ドイツ人、フランス人などで、カトリック教徒が優勢であり、南北戦争後、アフリカ＝アメリカ人、イタリア人、ポーランド人、リトアニア人、ロシア人、それに少数民族がやってきた。ボルティモアは大きな港町であった。移民の労働力に支えられた大きなマニュファクチュア工場をもっていた。

ジョンズ・ホプキンズ大学は、一八七六年にエリートの機関として開かれた。大学には優れた学生が群がり、大学はそうした学生たちを魅するのに努力した。パースは五年間大学の非常勤講師として学生を教えた。教え子にジョン＝デューイ、ジョゼフ＝ジャストローなどがいた。彼は論理学の基礎と専門を教えた。関係の論理学、哲学的用語学、中世哲学、偉人の心理学なども教えた。また新しい形而上学クラブを作ったし、大学の沢山の学問の行事にも参加し、大学の知的な生活に積極的に、影響力を与えた。

パースの大学での業績は、一八八三年の『ジョンズ・ホプキンズのメンバーによる論理学の研究』の出版であった。それはパースと学生の仕事であり、記号論の分野でかなり独創的なものが含まれている。

　一八八〇年の一月の中頃、パースは顔面神経痛、気管支炎などの病気になり、激しく消耗する二重の生活を送った。それでまた二月の後半に病になり、四月には回復したが、沿岸測量部の測地学会に出席するために、ヨーロッパに発った。しかし英国で気管支炎にかかった。七月には父親が重病のために、帰国した。八月から九月の父親の死去まで、ケンブリッジにとどまった。

　ベンジャミンの死はチャールズに大きな影響を与えた。父親の死でチャールズは方向と目的を失った。彼を保護し、彼の職を見てくれていたのが、父親であったからである。彼は常軌を逸する振る舞いをし、自分自身の利益に反する行為をするようになった。一二月に激しい神経痛の発作が起こり、彼は講師職を離れる決意をした。

「私にはジョンズ・ホプキンズ大学が私に与えてくれるものよりもより楽しくさせてくれる人生はありませんが、春にはボルティモアとの結び付きを断たなければならないと思います。沿岸測量部との結び付きを変えることなしに、他の理由でここにいることはできません。……大学を去るにあたって、私は論理学と哲学の研究にさようならと言いたい」(2.132)

　しかし彼は講師職を辞めずに、給与を引き上げられて、続けることとなった。

　このように講師職の問題も解決し、夏にはナハントとケンブリッジで過ごし、秋には大学での講義のために、ボルティモアに戻ってきた。夏の間パターソンが亡くなり、後任にジュリウス＝ヒルガードが所長になった。一八八二年の春には、彼は講義を続け、沿岸測量部の仕事をした。そしてその年の終わりには、彼は、ジルマン総長が教授職を約束したので、論理学の教授になるためにワシントンに戻ってきた。

天文学、測地学、論理学の仕事

パースの仕事はアメリカではほとんど認められていなかった。しかし一八八三年頃までは、ヨーロッパにおいての彼の名声が三つの領域において確立されていた。それは天文学、測地学、論理学（特に代数学的論理学、科学の論理）であった。どうしてアメリカで認められなかったのかと言えば、当時のアメリカの哲学と科学が比較的低いレベルにあったことがある。

天文学において、彼は理論天文学の計算に従って、まず一八六一年に父親の計算者として仕事を始め、一八七五年ハーバードの観測所の助手を辞めるまで、星座観察をし、一八六九年と一八七〇年の二回の日食での太陽の現象を観察し、そして観察の誤謬の理論を探究した。パースの天文学への主たる寄与は、一八七八年に出版された学術論文「光度測定研究」であった。星座の光度測定の目的は、星の相関的な明るさ、大きさを確定することにあった。パースの主とした関心はそれをすることであった。

パースは測地学に携わり、一八七五年には重力実験に用いられた振り子の基準のひずみの証明が初期の測定の結果を重力測定の正確さの問題に与えるのに十分な重要な要素となった。一八七七年にシュトットガルトでこの発見が国際測地学会に報告され、それが確認され、高く評価された。これがアメリカの科学者がヨーロッパの科学者たちの卓越したグループの集まりでの最初の勝利だとされている。一八八三年にローマでの会議で、パースは重力の測定を正確にするための器具に関して言及した。

彼の論理学での初期の出版は、「カテゴリーの新しい表」を含んで、一八六七年に発表されたが、一八七〇年には「関係の論理についての覚え書き」を発表し、英国の論理学者に知られる。一八七七年と七八年には、「科学の論理の解明」という論文を発表し、そのうち「信念の固定化」「観念を明晰にする方法」を「ポピュラー・サイエンス・マンスリー」誌に出すが、これら二つの論文はフランスでも同時に発刊された。英国の論理学者として知られるW＝S＝ジェボンズは「少なくとも英語での数学的―論理学的学問において最近の最も入念な貢献は現在ジョンズ・ホプキンズ大学の著名な教授C＝S＝パースの研究論文である」(3.3) と述べている。一八八三年にパースは四四歳であった。すでに沢山の論文を出していた。

一八八三年から一八九一年
――パースの破滅の道

一八八三年から九一年はパースの経歴が駄目になり、破滅の道を辿り、貧困への始まりとなった。一八八〇年に父親が死に、一八八一年には所長のパターソンが亡くなったが、パースはそれ以前二人の力強い影響力に保護されていた。一八七九年から八三年まで、ジョンズ・ホプキンズ大学でジルマン総長の保護のもとで、彼のアカデミックな経歴が軌道に乗りかけていたように思われた。しかし彼は突然にジョンズ・ホプキンズ大学を辞めさせられて、急に変わってしまった。それは彼が勤務していた測量部の職務責任が怠慢ということで、アメリカ連邦議会の調査委員会に告発され、そして彼が一人責任を負っていた重要な調査を完成させるのに、失敗したとして辞めることを強いられた。

それ以降、パースの個人的な欠点をよく知っていたウィリアム＝ジェームズと、そのほかに彼の兄ジェームズ＝ミルズ（ジェム）、従兄弟ヘンリー＝キャボット＝ロッジ、そしてジョシア＝ロイスなどの数名の人々はパースのアカデミックな世界に支援を送った。ジョンズ・ホプキンズを辞めるようになったのは、同僚との印刷の問題についての争いがあったからであった。

ジュリエット＝アネッテとの結婚

パースはジョンズ・ホプキンズ大学を辞めた月に結婚を決意した。相手はジュリエット＝アネッテで、彼女は自分自身プールタライとフロアシと両方を呼んでいた。結婚式は一八八三年四月二六日であった。彼女の結婚前の姓はジュリエット＝アネッテ＝フロアシで、最初の夫の姓がプールタライと言った。どうやらフランス系の家族であった。彼女の年も幾つであったか、結婚届には二九歳とある。そして死亡届には六九歳となっている。ジュリエットは、チャールズに二人がヨーロッパに行って式を挙げないなら結婚しないと言ったので、結婚式を終えて一週間して、二人はヨーロッパに発った。彼は測量部の仕事とパリとロンドンと結び付け、さらにライン河からジュネーブ、ローマへと、測地学会の会議に出席しながら、ハネムーンの旅を続けた。

帰国は九月で、二人はボルティモアにまず行き、パースのジョンズ・ホプキンズでの任命はまもなく永続的になるであろうというジルマン総長の保障で、二人は早速その都市で最も流行の地帯に、大きなレンガづくりの家を借りた。パースは大学では効果的にフルタイムで教え、測量部でもフルタイムで研究すると約束した。

一一月には二人はパース家を訪れるために、ケンブリッジへ行った。ここでパースの母親とジュリエットとの付き合いのなかから、あきらかなことは、前の妻ジーナもジュリエットもともにパースに虐待された妻であったことであった。例えば、チャールズが激怒すると大変で、彼が心理的に妻たちを虐待していたようだった。彼は家庭では暴君であったようだ。

ジーナとは別れたが、それでもチャールズはジーナを頼りにしていた。ジュリエットは、チャールズの暴君ぶりに愛想をつかしていたが、それでもチャールズを愛していた。二人は相互に依存していて、離れ難かった。チャールズは後ほど、もしジュリエットが死んだら、彼は生き続けて仕事をすることができないだろうと言っている。ともかくも二人の生活は、パースの死まで続いていくことになった。

パースの家庭内虐待は、どうやらパースがコカインを使用していたことにあるようであった。

コカインの服用

彼は正確を要する測量部の仕事と大学での論理学の講義をするために、阿片、モルヒネ、コカインを使用していたようであった。当時はそれらは容易に利用でき、普通に用いられた。パースは薬に長い間関心を持ち、それらが精神的活性を与えることをよく知っていた。コカインは、パースに特有に示されているように、一般的に異常な、攻撃的行為を引き起こすとされている。

一八八三年一一月に、ボルティモアに戻った後では、ジュリエットが病いがちであったとき、パースは自己破壊的な二重の生活をし続けた。ともあれ、彼がコカインを服用していたという直接的な証拠はないけれども、彼の取ったさまざまな行為から、彼の病的な体質から十分に常用していたことが推定されるのである。

測量部での仕事と妻ジュリエット

一八八四年五月に、パースが測量部でフルタイムで働くということで給与も上がった。しかし所長も他の助手たちも、パースが測量部を去るつもりであるということを知っていたし、彼が自分たちの科学的能力にほとんど敬意を払っていないことも知っていた。パースはボルティモアからワシントンへ移り、そこで彼はスミソニアンの振り子スティションで仕事をし、測量部の同僚を避けた。所長は彼にバージニアのフォートレス・モンローズで振り子の実験を命じ、それから北のアパラチア山脈にステイションを作る調査を命じた。

　パースは、ブルー・リッジ山脈の山頂のホテルで九月最初の半分を過ごした。そこへジュリエットを連れてきた。彼女は虚弱で病弱であったのにもかかわらず、チャールズとはどこでも一緒に出かけた。

妻ジュリエット

　さらに秋になると所長はパースを重力と測定の部局へ配置し、パースはフィラデルフィア、ニューヨーク、ハットフォードなど各地へ出かけた。こうした時点で、パースは自分の立場を復帰させ、測量部で評判を得ようと努力した。ジュリエットは虚弱な状態が続いていた。パースは彼女をほっておくことができずに、測量部を断念せざるをえないと所長に申し出た。しかし所長は拒絶した。その時パースは母親を訪ねた。そこで彼はハーバードとの時間割のアナウンスメントを見、それに論理学がないことに気付いた。早速パースはジェームズに手紙を書き、次の一二の講義ができると書いた。

講義一、認知理論に関する基本的観念
講義二、ある概念の説明
講義三、ブールの計算
講義四、関係の論理学
講義五、第二次概念の論理学、組み替え量の三段論法
講義六、蓋然性
講義七、帰納法と仮説
講義八、公正なサンプリング
講義九、量の指定
講義一〇、自然の法則
講義一一、諸方法の発見の方法
講義一二、超越的論理学

これらの講義は、ジョンズ・ホプキンズ大学でした仕事でもあった。パースはつぎのように書いた。「一二の講義は論理学のスケッチを与えることができました。しかしいまなおそれらは有用なスケッチになるだろうと確信しています。それらは、そのような説明を必要とする書き方について、

真の意味は何であるのかを示すことと思います。それらは新しい形式論理学を打ち立てて、それらの深さと重要さを示し、そしてまた研究の仕方を示すでしょう。ジェームズも興味をもちました。それらは蓋然性における研究の概要を説明するでしょう。そしてどのような問題がたんに特別であり、他のどういったものが最大の有用であるのかを示すと思います」(3.62)

ジェームズがパースの言っていることに興味を抱き、ハーバードの総長エリオットに持ち込んでみたが、エリオットを説くことができなかった。

測量部での出来事

パースはニューヨークへ戻るにあたり、パリで完成しないでいたゴーチェの振り子がまた仕上がりが不十分で、フィールド・ワークを断念し、パースはそれを完成するために、パリに行くべきであると所長に言ったが、所長は拒否した。ところが、こうしたことがあって間もなくして「ワシントン・ポスト」はつぎのような見出しの記事を出した。

「風紀を乱した――酔っぱらい
　沿岸測量部の恐るべき非難
　部局内での飲酒で教授ヒルガードと他の関係者」

それの説明によると、測量部の基金、縁故者を引き立て、そして不道徳的行為に関する詳細な盗用を上げ、パースを最も悪い犯罪者の一人に選んだ。事実パースはただ一人の助手だった。アリソン・コミッションの報告はつぎのようになっている。「一八七三年に始まり、数年の間、助手パースは、時間や場所との制限とか制約なしに、振り子の実験研究をしてきた。一八七九年以来、この実験に関する費用は、チーフや助手たちの給与以外に、三万一〇〇〇ドルに相当する」(3.67)

パースは、すべての仕事に関して無罪だと主張した。そして八月九日に測量部を辞める辞表を出した。彼は財務長官に手紙を書き、アリソン・コミッションによって為された非難に断固として反対した。アリソン・コミッションの報告は、その代表コロナであって、コロナはパースに手紙を書き、パースの不平不満と非難に答えた。コロナは測量部の一つ一つの要素を評価し、一つ一つの状態について自分の見解を率直に表明し、ヒルガードについては、沿岸及び測地調査の所長として不適格だと書いている。

パースは測量部を去るつもりであったけれども、ジュリエットの絶えざる病気は彼の時間や資産にも大きな影響を与えたし、収入の見通しも立たずに、結局は測量部にとどまることになった。

一八八五年には、ミシガン大学、ウィスコンシン大学、コーネル大学で振り子の観測を続けた。一八八六年にはコーネル大学での振り子観測を終えて、ケンブリッジを訪ね、彼がこれまでやってきた重量測定の報告に必要な記録を取りに行った。そこでは、友人ウィリアム゠ジェームズと哲学的談話を楽しんだ。また彼は兄ジェムの家で、ある講演で彼の最近の宇宙論的提案をした。それにはジェームズ、ジョン＝フィスク、フランシス＝アボット、バートン＝ペリーなどが参加した。二月には、ワシントンに帰って、新しい所長のソーンと測量部での、パースの将来について語り合った。

ミルフォードへの移転

一八八七年四月に、パースはペンシルバニア州のミルフォードに移転した。ミルフォードは、ニューヨーク、ニュージャージー、ペンシルバニア諸州とデラウェア川が出会うところに位置していた。彼らがそこに移ったとき、そこは依然として荒野の田舎でもあり、流行のリゾート地帯でもあった。何故パースがミルフォードを選んだか理由は明らかではない。パースを研究している人たちの話によると、世の中の煩わしさからの逃避ではとされているが、それも当たっているのかも知れない。しかしミルフォードは宗教的にユグノーの家族が多く、その地がフランス文化に馴染んでいたことが上げられよう。

それらの家族の一つにピンショーがいて、ピンショー家は一七世紀から住んでいた。やがてその一家から一九世紀後半になって、百万長者になったジェームズ＝ピンショーが現れた。彼はニューヨークの織物の商人として金儲けをし、四四歳のとき、ミルフォードへ隠退した。彼はミルフォードの町を眺めることのできるフランス風の大邸宅を建て住んでいた。

彼の妻はメアリー＝エノー＝ピンショーであった。彼女の父親はマンハッタンの不動産業の大物として知られた。チャールズとジュリエットは、ピンショー家をよく訪問した。パースは大学やケンブリッジとボルティモアの上流階級の厚い、どうしようもない硬い壁を破れずに、しかも測量部が崩壊するという危機に直面し、ミルフォードへの移住は富をもった社会の保護者を通して、パースに富と名声への道を示したように思われた。パース夫妻はピンショー家の豪華な、多くの、豊富な、楽しい社会的な集いに出席した。

ミルフォードへの移住の第二の理由は、ジュリエットが絶えずケアが必要とされ、贅沢なスタイルを保つために、家政を確立しようとしたパースの姿勢が見られる。二人とピンショー家との付き合いはかなり深かったこととして、二人は多くの夜をシャレード遊びをしたり、本の朗読をしたり、ピンショー家の野外劇場で演劇をしたり、演劇の脚本を書いたり、演出したり、監督をしたりしていることがあげられる。

移住の第三の理由は、パースがそこに家を建てたのは、そこに論理学と哲学の夏学校を開くか、あるいは何か彼が出来るのにふさわしい主題で、金持ちや権力者を教育するための夏の研究所を開くためだった。そして最終的には、その家の書斎で、哲学について、書くことを意図としていた。

ピンショー家との付き合い

パース夫妻は、ミルフォードにきてからピンショー家と付き合いを始めた。つぎはピンショー夫人の日記からの抜粋である。

母サラ＝ミルズ＝パース

「九月三日日曜日　パース夫妻に来るように説得した。……私たちは毎晩詩を楽しんだ。パース教授は私たちに詩を朗読してくれた。
九月五日月曜日　パース夫妻と楽しい朝。
九月六日火曜日　パース教授と朝に花を取る。
九月七日水曜日　夕方パース教授とパース夫人をお茶に。後ほどシャレード遊び。
九月九日金曜日　教授夫人をお茶に。後ほどシャレード遊び。
九月一一日日曜日　パース教授とパース夫人。
九月一六日金曜日　パース夫人とドライブ……パース夫人と夕食とお茶」。
など。

こうして二人が楽しんでいるとき、パースの母親が倒れ、亡くなった。母親は彼に不動産を買うだけの十分な遺産を残していった。パースはミルフォードで、ピンショー家との交際もあって、生活には素敵な将来がやってきそうな雰囲気に包まれていた。彼らがアリスベと呼んだ家も完成した。翌年にはデラウェア川の堤防沿いに展望台のある一四〇エーカーの土地を買った。秋には併せて二〇〇〇エーカーを買ったりして大いに土地を増やした。パースの資産は決して少なくなかった。しかしパースは、それらの土地を見守る労働者や召使いなどの負債や未払いに苦しめられた。

この間に、パースは重量測定学に関する長い報告に取りかかっていたが、測量部との関係は悪化していった。

一八八九年の春に妻ジュリエットは肺結核になっていた。ニューヨークに治療のために行ったが、夏と秋にはミルフォードにもどり、さらにジュリエットは冬の間イタリアに滞在するということで、チャールズは見送った。彼はジュリエットの病気と彼自身の健康と測量部との逃れ難い重荷とで、激しい心配に駆り立てられた。

そして測量部の所長がまた変わった。新しい所長はパースに辞職を求めた。それは一八九一年一二月三一日のことであった。三〇年以上も続いた沿岸測量部とのつながりは終わった。一八八四年にはジョンズ・ホプキンズ大学から解雇、一八八五年アリソン・コミッションによる、彼に為された告発、そして一八九一年の沿岸測量部からの強制的な辞任であった。

五　失楽園——一八九〇年から一九〇〇年の時期

混沌の時代

パースが生きたおよそ一八九〇年から一九〇〇年、時代は極端に混沌とした時代であった。彼の跡を辿ってみると、実にひどく、複雑である。

一八九〇年春にジュリエットがイタリアから帰国し、一八九一年の一二月の測量部での彼の勤務の終わりとの間に、パースは自分の人生がドラマティカルに変化していく環境に対して、強烈に対応していく準備をしていた。

この時期には、パース夫妻はピンショー夫妻と多くの時を過ごした。その密接な結び付きについては、ピンショー夫人の日記に見られる。たとえば、ニューヨークでの両家の交流とか、あるいはジュリエットへの高価な贈り物をしたこと（それには宝石、ハイファッションの衣服、フランス文学の限定本など）が書かれている。二人は高級な生活を享楽した。

パースの論理学研究（I）――一次性、二次性、三次性について

シカゴの判事フランシス＝ラッセルは、自分自身で論理学に関心を示し、パースを発見した。一八九〇年の六月に、彼はラッセルの友人のポール＝ケーラスから手紙を受け取った。「モニスト」という新しい雑誌を始めようとしていた。ケーラスは論理学に関する論文を依頼した。そしてつぎの手紙では、スペンサーに関する論文を依頼し、以降パースと「モニスト」誌との付き合いが始まった。そしてケーラスとの関係はパースの死まで続いた。最初の論文が掲載されたのは、パースの著作として最もよく知られたものである。

パース、1892年８月

それのシリーズの第一の論文は、「理論の建築」で、それは、英国の哲学者たちのアプローチとは違って、体系というものが建築的に構成されるべきであるというカントの提案に従っている。パースは一次性、二次性、三次性の論理的カテゴリーを紹介している。

「一次性は存在の概念で、他のどれからも独立している。二次性はあるものとの相関的な概念であり、他のあるものとの反応の概念である。三次性は媒介の概念であり、そのさいに一次性と二次性は関係に持ち込

まれる。……事物の起源は、何物かに導かれたとして考えずに、それ自体一次性の観念を含んでおり、事物の終わりは、二次性の観念を、それらを媒介する過程は三次性の観念を媒介している。……心理学において、感情は一次性であり、反応の感覚は二次性であり、一般的概念は三次性、あるいは媒介である。恣意的な気晴らしは一次性であり、遺伝は二次性であり、偶然性格が固定される過程は、三次性である。偶然は一次性であり、法則は二次性であり、習慣をとる傾向は三次性である。精神は一次性であり、物質は二次性であり、進化は三次性である」

それから彼は自分の父親の進化論的宇宙論を述べている。そして「それは、大抵の古代の思弁と最も近年の思弁のいくつかのように、宇宙論的哲学となろう。それは、始まりに——無限に遥か遠くに——非人格的感情のカオスがあったことが想定されよう。この感情は、純粋な恣意におけるあちこちで気晴らしが一般化する傾向の発生の始まりとなろう」(4.11)

パースはこの形而上学を成し遂げるために、自分の主張を通している。それの要素を見分け、分類し、記号の教説として、増大していった。しかしここでは彼の死の一〇年前に彼が見出した仕事を残して、控えめに述べられている。

またそれの第二の論文「吟味された必然性の教説」では、パースはラプラスの機械論的で、完全に決定された宇宙論に攻撃を加えている。

「問題となっている命題は、何らかの時点で存在する事物の状態が、ある不変な法則でもって、他のすべての時点で、事物の状態を完全に規定する。それゆえ、もともとの星雲（混沌）が与えられ、しかも力学の法則が与えられると、十分に力強い精神は、私が現在書いているすべての文字のすべての飾り付けの正確な形をそのデータから導くであろう」。

パースは、必然性の命題が新奇性、成長、複雑さ、意識、多様性、不規則性であるような主要な特徴を説明できず、偶然性とか自発性によっているると論じている。彼は、「私は宇宙の多様性のすべてを説明する。それは実際に、独自で、新しいものが説明されるという意味においてである」と述べている。

パースが絶対的偶然の導入によって、心身問題を解き、〈連続主義〉のような系列によって用いられたという主張は、意図の命題であるように思われる。彼の人生の残りにとって、種々な外観において偶然について考え続けたのであった。

パースの第三論文「精神の法則」は、以前には彼の真の形而上学的色彩をもって導かれたものであった。「私は、〈連続主義〉が進化的宇宙論を生み出さなければならないことを示すことによって始めた。それにおいて、自然と精神のすべての規則性は成長の産物としてみられ、物質がたんに特別化され、部分的に精神を弱めるというシェリング風の観念論を生み出すのでなければならない」と述べている。この論文は持続性の原理を導入している。あるいは彼が名付けているように、それの習慣は〈連続主義〉である。パースはそれを〈精神の法則〉と呼び、それに対する形式化をしている。

「精神的現象へ適用される論理的分析は、精神の一つの法則があるということ、つまり観念が持続的に広がる傾向があり、刺激反応の特殊な関係においてそれらに示す他のあるものに影響を与える傾向があることを示している」

パースは連続主義が三つの教説を担っていると指摘して、その論文を結論づける。「一、最も明瞭な形での論理的実在論、二、客観的観念論、三、その結果の完全な進化論を伴う偶然主義。連続主義がアインシュタインの相対性理論と量子力学の発見以来発展しているように、物理学から大変遠いように思われる」

第四の論文「進化的愛」は、パースのキリスト教神学の採用である。それは南北戦争後の成金趣味が横行した時代、社会的ダーウィニズムでもって始まり、一九世紀の後半の政治的経済によって表現された非人間的価値でもって始まった。

この時期の生活は、たとえば「モニスト」「ネイション」のような定期刊行物との関わりを持ち続け、執筆の量も増えていった。また他方では、大学の職に探りを入れ続けた。一八九一年一二月には、パースはシモン＝ニューカムにスタンフォード大学での研究助成を受け、大学での地位を得たいという手紙を書いている。ニューカムは、「研究助成に関しては、大変困難なようです。……スタンフォードに関して一度も相談を受けたことはありません」という返事を書いた。

パースの論理学研究（II）

パースが望んでいたのは、彼の哲学研究に彼を援助する金持ちで、権力のあるパトロンを見出すことであった。そのパトロンは、ドイツからの移住者で、金持ちのシカゴの実業家エドワード゠ヘーゲラーだった。彼はオープン・コート出版社と「モニスト」をつくった。パースによると、ヘーゲラーはパースがアリストテレスであれば、アレクサンダーの役割を演じる人であった。

その時は、パースは既に述べたように、フランシス゠ラッセルを通して「モニスト」の寄稿者となっていた。ラッセルとポール゠ケーラスとの友情を通して、ケーラスとヘーゲラーとの両人は、パースの偉大さを賛美することとなった。「進化的愛」という論文が出され、ヘーゲラーはパースの形而上学に深く印象づけられ、二人の間で会合をもち、パースの仕事を出版することで話し合った。

パースは編集責任に対して強い欲望を示した。パースは最終的に八月二九日に完成したリストを与えた。これらは厄介な問題を与えた。出版の前払いの問題とか、論理学ではなく、算数のテキストブックを出版するという話をし、それに出版社に前払いしたとか、あるいは他の出版社とパースが交渉したりする問題が起こった。

こうした出来事のなかで、一八九三年に、ヘーゲラーに対して書いた「大論理学」という原稿をラッセルに送った。この論文は残念ながら出版されなかったが、以前に書いたものと新しいものとを含めて、パースの論理学の大枠を示しているので紹介したい。

「大論理学」の概要

その論文はつぎのような構成になっている。

「第一章、記号とは何か。私の古い理論、しかし全く新しく書かれ、私がこれまでしてきた分析のうちで最も明瞭な部分の一つ。同様性、インデックス、シンボルは以前よりも明瞭に識別された」というように書かれ、パースのこれまでの考え方と新しい考え方とを対比させている。以下つぎのようになっている。

第二章、推論の物質主義の様相。私の古い理論、新しく書かれたものは、いくらか入念になっている。

第三章、意識の用法は何か。新しい。あるものを赤か緑に見たり、ほかのものを赤あるいは緑に見ることの想定が問題であること。エンペドレクスがここで少し盗用されている。

第四章、信念の固定化。私の古い部分。部分的に手直し。同じ膨らんだスタイルを固執。ア・プリオリな方法はデカルト、カント、ヘーゲルの批判によってより良く取り扱われ、力づけられている。

第五章、推論一般について。これは新しい仕事である。用語の議論を大いにしている。

〈単純な理解、判断、そして推論〉

〈名辞、命題、論証〉

理解すること、悟性、知性。

大抵の言語は名詞をもたないということは、少なくとも名詞を用いる者の心には私たちのものとして動詞とはそれほど徹底的には分離されない。

文法的用語一般とヨーロッパの文法学者が言語を強制し、プロクルステス（旅人を自分のベッドに寝かし、身長が足りないとベッドの長さに身長を伸ばし、長すぎると切った）にたいする猛烈な攻撃。

推論が要求する言語の種類。各々の記号がいかに決定されるのかは以前よりもはっきりと示されている。言語の心理学。

第六章、コプラの代数学。この難しい主題はここでは完全に解決されており、最初に体系化され、ブールの代数学に直接導かれる。

同一性、矛盾律、排中律の原則の歴史。

第七章、アリストテレスの三段論法。アリストテレスの形式的論理学は、それが斉一性でなければ何も知り得ないという彼の教説に依拠していることを示している。この章は大いに改訂された形で論証の分類に関する私の論文の考え方を示している。

第八章、述語の量化のハミルトンの論破。ディオドロスとフィロニアンとの祝福された論争とに関して、ディオドロスとフィロニアンと呼ぶ二つの点からド＝モルガンの命題の計画について考察する。

第九章、論理的な広さと深さ。これは私の論文を仕上げたもの。諸関係における広さと深さ。

第一〇章、ブールの計算。非関係的代数学の規則が算数とのあらゆる結合との関係を断つことによって、きわめて簡潔になることを示す。そして算数自体がこのことを指示することを示す。

……それから〈関係の論理学〉に移る。それを以前よりも、より完全で、興味深い形でもたらしている。学生は実際的な便宜さと利点をもってそれに取り組むであろう。

第一一章、グラフとグラフィカル・ダイヤグラム。それは思考の幾何学的方法の価値と制約を示している。

第一二章、数学の論理学。これは私がなしてきた論理学の最も力強い面であると考える。関係の計算によって、数学の推論を分析している。

第一三章、偶然の教説。本文のなかで最もまずい章。「ポピュラー・サイエンス・マンスリー」の論文のたんなる手直し。

第一四章、蓋然的推論。私の古い論文……

第一五章、観念を明晰にする方法。

パースはさらに二つの章を考えていると言っている。「持続性の法則」と「論理的な楽しみと遊び」に「辞書的インデックス」をプラスしたものであった。そして彼は客観的な論理学の本を書こうとした。しかしこの本は発刊されずに終わった。

「ネイション」への執筆

測量部を辞めてからのパースの収入の主要な源は、「ネイション」であった。「ネイション」の編集者ウェンデル＝ギャリソンは、パースに同情的であり、パースの書くものに前払いをした。ギャリソンは、一九〇五年病気になって辞めるまで、パースの誠実なパトロンにとどまった。パースに支払った額は、一八九〇年から一九〇六年まででで、およそ九〇〇〇ドルだとされている。彼は実に多くのことを書いた。測地学、度量衡、物理学、化学、放射能、天文学、光学、航空学、科学史、数学、論理学、哲学、倫理学、生物学、生理学、社会学、経済学、歴史、考古学、文学評論、辞書、文法、教育、伝記、自伝、ギャンブル、ワイン、美食、シャレード遊びなどであり、彼が評論した人間は、ウィリアム＝ジェームズ、ジョシア＝ロイス、ジョン＝フィスク、アンドリュー＝カーネギー、シモン＝ニューカム、サンタヤナ、ハーバート＝スペンサー、ロック、ニコラウス＝ロバチェフスキー、スピノザ、エドワード＝ハーレ、ウォールター＝スコット、ダーウィン、ヘーゲル、ライプニッツ、カントであった。

これらの人々の多くはアメリカとヨーロッパの同時代の人々であり、すべて匿名の執筆であった。

いかにパースがギャリソンから保護を受けていたかは、一九〇五年にギャリソンが「ネイション」を去った時、パースが本当に頼りにすることができた収入源の一つが消え、一年もたたないうちに、どんな収入もほとんどなくなった。

パースは一八九四年にひどい負債を負った。六月には、ミルフォード裁判でパースに対してなされた負債の未払いについての訴訟の事件が最初にもたらされた。これらの負債はアリスベでなされた仕事に対する告訴によっていた。パースの生活はこの頃から、負債に負われ、借金に負われて、栄養失調の結果、重病になり、餓死寸前までに追い込まれていた。一八九五年にはどうやら一〇〇ドルが出版社から送り込まれ、後は友人たちから送られた少額のお金と刊行物の評論で、命を繋いだ。

だが、少しお金があれば、すぐに使ってしまう質で、自分の家アリスベを改造して、今度は多大な負債を背負い込み、その支払いを裁判所をとおして支払うように、命じられた。

裁判所は、彼の負債のいくつかを払うために、パースの持っている本の売却を命じた。その本や文房具などはつぎの通りであった。

「歴史書、百科事典、哲学の論文、ロンドン数学会の会報、ナポレオンの歴史、プラトンの対話編、フランス―ドイツ戦争におけるビスマルク、オリバー＝ゴールドスミスの生涯、オランダ、英国、アメリカにおけるピューリタン、フランス革命、トーマス＝ブラウン作品、ローマの散歩、幾何学、解剖学と生理学の百科事典、ロンドン・ロイヤール社会の哲学二九巻の会報、クーパー作品、シェークスピア作品、ロバート＝ブラウニングの詩、他に数千という本、全ての文房具、テーブル、箱、道具」(4.78)

これらのものをチャールズの兄ジェームズ＝ミルズが競売に間に合って買い、弟チャールズに戻し、その他アリスベに関する二〇〇〇ドルの負債を解決した。一八九六年一二月まで、アリスベの家は売れずに残ったが、パース夫妻も負債の支払いを終えた。その間中、兄ジェームズ＝ミルズは弟の環境の状況も分かって、弟を助ける方法を色々な形で試みた。

兄ジェームズ＝ミルズ

たとえば、彼は数学のテキスト会社に父親のは再版にし、チャールズのは新しく出すようにとの努力をした。結局はそのどちらも成功しなかった。また彼はチャールズが大学に任命されることに努力をし、ウィリアム＝ジェームズに手紙を書いた。ジェームズはハーバードの総長エリオットに手紙を書き、「私はチャールズ＝パースを優れた人間としてあなたに推薦いたしたいと存じます……」という書き出しの推薦状を書いた。しかし予想されたように、エリオットはパースを拒否した。

パースの暴行事件

こんな時に、パースは暴行事件を起こした。それも数度にわたってであった。彼は自分の家の料理番に暴力を加え、同じく彼の召使マリー＝ブランクに暴行の罪を認めているし、さらに彼の召使ラウラ＝ウァータズに暴行したことでは裁判沙汰になり、五〇〇ドルを支払って保釈された。

彼がこのように暴力行為に駆り立てられたのも、彼の人生で繰り返された敗北と不名誉と、それにジュリエットの病気によって絶えざる、逃れ得ない負担などが積み重なったからであった。彼が耐えてきた悲惨さや難渋さは、時として自分の召使などに爆発させ、言葉や嫌みなどを発したが、すでに述べたように、物理的に激怒し、それで訴えられた。

一八九五年一一月には、チャールズに令状が出されたが、パース夫妻がニューヨークに出ていたので、彼らは法的に逃亡者になり、一八九八年五月まで、戻らなかった。

ニューヨークでの生活

パース夫妻はニューヨークではうまく生活ができたようであった。チャールズは一八七六年以来、センチュリー・クラブのメンバーであり、そこに入って活動した。またチャールズと「ネイション」のギャリソンとの仕事の関係で、ニューヨークでの幅広い知的生活を手に入れた。ジェームズ＝ピンショーとかその他の金持ちと交際もあった。ジュリエットは高級社会での人物であり、彼女は音楽のアマチュア女優であり、さまざまな芸術について活躍した。またパース夫妻は著名な演劇人をも知り、しばしばアマチュア劇などをして楽しんでいた。

　しかしここでの生活も彼の収入は少なく、大変であった。それゆえ、食べる金も寝る場所も持たないことがあった。一八九五年には、ジュリエットが病に倒れた。パースはニューヨークのある病院に連れていった。しかし彼はそのお金を払うことができず、病院から出された。そのときパースはラッセルにつぎのような手紙を書いた。「妻が思っていたように病院から出されました。つぎの日支払いました。しかし彼女は現在せっぱつまって危険な状態です。私は三〇分以上も彼女の傍らを離れることはできません。専ら看護して、私は完全に参ってしまっています」。同じ手紙で、ケーラスがお金を送ってくれないと非難している。そしてお金がなく絵を売ろうとしていた。「私はアルフレッド＝ビアスタットの描いた絵をもっています。彼はこのような絵で、二五〇〇ドルを手にしています。背景には高くそびえ立っている雪のある山があります。それは大きく、がっしりとし、冷たく、静かです。その前景には大きな樹の岩肌などがあります。私はそれを一二五〇ドルでえたのです。それを以前から売りたいと考えていました。しかし妻の部屋から私が出ることができないので、まだそうしてはいません。もしあなたが一五〇〇ドル、あるいはそれ以上の買い手を探すことができれば、一〇〇〇ドルを超えた分の半分をあなたにさしあげましょう。それは素敵な絵で、大変な技術を駆使し、しかも大変自然です」

一八九五年の晩秋には、ジュリエットはいくらかはよくなり病院から出てきた。二人はミルフォードには戻らなかった。彼女の健康状態とミルフォードには裁判で問題となっている未解決な問題があったからである。パースはブロードウェイ四一番街にあるスチュアート会社の一角にあるウォール街に事務所をもった。

一八九六年の間、パースは飢えを防ぐために、そしてアセチレンの投機のために、懸命に働いた。というのは、アセチレンガスから安いコストで火力を得ることをパースは企画していて、すでにスチュアート会社と交渉していたからであった。パースは鉱石からアセチレンガスを引き出す効果的な方法を示し、彼の分け前として、パースと彼の仲間たちは、アセチレンランプを売る権利を認められていた。しかしこの企画も失敗に終わった。

彼はお金を貰うために、アペレトン会社の翻訳をしたり、「ネイション」「モニスト」に長い論文を書いたり、「アメリカ歴史評論」に書いたりしたが、年が進むにつれて自暴自棄になっていた。ミルフォードでの暴行事件と負債の未払いの訴訟は、どんなことをしても背負わなければならなかった。

一八九六年の春には、パースはギャリソンへ絶望的な手紙を書いた。さらに同年秋には一層ひどくなっていた。「親愛なる判事さま　これはたんに左様ならと言うことです。もしこれが左様ならであれば、昼夜雨のなかを歩いていますし、そして私は病気です。もはや私は持ちこたえることはできません。敬具　C＝S＝パース」

パースは自分の失敗を苦々しく感じていた。彼は百万長者になろうと努力をしたが、同時に彼の貧困さが彼が利益をあげるのに妨げとなった。それはアセチレンランプに託した彼が現実に破れていくことに象徴される。そんなわけで、ニューヨークではその日暮らしで、しばしば食べ物もなしに、あるいは一時、昼の間非難所で暮らし、食べ物に必要なお金を作る方法を探し、ジュリエットの看病のために生活した。

パースの執筆

パースはそれでも論理学や哲学の仕事をあくことなく書き続けた。一八九六―一八九七年の真冬に婦人科の病気で煩っていたジュリエットは、当時命にかかわる子宮摘出の手術を受けていた。パースはドイツの友人であったエルンスト＝シュレーダーに手紙を書いて、妻の病症を説明している。一方パースはシュレーダーの著書『論理学の代数学』の書評を準備していた。その間、ジュリエットの病もよくなり、それと共にパースの精神状態はバランスを取り戻した。

またウィリアム＝ジェームズは『信じる意志』を書き、「私の旧友、チャールズ＝サンダーズ＝パースに対して、その古い時代においての彼の哲学の仲間意識と、より近年になってそれらの著述において、恩を受けていることを表明します」と書いている。パースは一八九七年、三月四日にジェームズに書いている。

「私は最近数年間、哲学について沢山学んでいます。といいますのも、大変惨めで、不成功のこの数年でしたからです。通常の経験する人間が恐らく理解したり考えたりできる何かを超えた恐ろしさです。……私は自分の考え方を整理する沢山の仕事をしました。これ以外にも、私が何も知らない新しい世界、私が書いていた誰かが本当に多くのことを知っていたということを私が分かることができない新しい世界について、私が示したのは惨めな世界でした。……私の場合、この瞬間はほぼ三日近くです。それにもかかわらず、それは惨めさを味わう経験のうちで、最も意義あるものなのです！　多くのことを人生と世界について私は学びました。これらの歳月が哲学に対して強い光を投げかけています。……私は自殺がペシミックの哲学から生じるとしか考えません。ペシミズムは富裕階級の病気であります。貧困者は世間一般がよりよくなることを直ちに十分に認めています。彼らにとって、世間は最上に考えられる世界でありますし、〈最も可能な〉世界よりも遥かにいいのです。

道徳性に関して、真の進化論的な意味で、それを受け取ることは悪くありません。しかし進化がよいものであることに帰着するということは必ずしもそうではありません」(4.125)

パースはこの手紙で、論理学は倫理学に基礎づけられている。そして倫理学は美学から生じたと書いている。

ハーバードでの講演

一八九七年一二月にハーバードでのパースの講義をジェームズが準備していた書簡には、パースはつぎのような手紙を書いている。「私はここ（ミルフォード）にずっと一人でいます。実体と影に関して、静かな時間のいくつかとあなたの父親を思い起こすことで過ぎています。この数年間の私の体験は、スウェデンボルグを私にとってしばしば分からせるようにすることで過ぎ去りました」と述べて、この時期に神秘家スウェデンボルグの考え方に戻ったことは、自然と精神の共同社会においての内在と超越との両方として実在を宣言したという意味において、観念的—実在論の意味をもたせたということである。神秘的教説に対する彼の関心についてのこうした認識には、彼の惨めさの体験と苦悩とが交じり合っていた。

六月の初めに彼の財政は依然として破産状態にあった。またケーラスからジェームズがパースにケンブリッジでの論理学を担当して貰う準備をしているとパースは聞いた。それで早速パースはジェームズに手紙を書いた。その手紙には、もしそれが事実であれば、それの準備にすぐあたるということと、その報酬についての問い合わせであった。

その後パースとジェームズは講義の内容とスタイルについて話し合った。講義は八回であった。そこでパースが提出した最初のタイトルは「出来事の論理学に関する八の講義」であった。一、論理的図式、二、関係の論理学、三、帰納法と仮説、四、カテゴリー、五、観念の魅力、六、客観的演繹、七、客観的帰納法と仮説、八、創造というのがその内容であった。

しかし最終的には「推論と事物の論理」、「哲学と生の行為」、「推論のタイプ」、「論理の第一規則」、「推論の訓練」、「因果性と力」、「習慣」、「持続性の論理」が含まれていた。一八九八年二月から三月まで、ケンブリッジの私宅でなされた。

ジョシア＝ロイス

プラグマティストのロイスと暗号通信機の発明

ジェームズは唯名論者であり、ほとんどパースの哲学を理解できなかった。またパースの論理学も同じく理解できなかった。それに対してロイスは、パースの哲学と哲学の目的を理解した。パースはロイスを彼自身以外の唯一のアメリカのプラグマティストだと呼んだ。しかしロイスは論理学では初学者であった。パースはそれが彼の哲学の仕事をする点で欠点であると信じた。ロイスはパースの手助けをもって、関係の論理学をマスターでき、それを彼の哲学に直接に適用し、パースに深く感謝した。

一八九八年五月に、パースは今度は永続的にミルフォードに戻った。七月にはジュリエットもやってきた。スペイン—アメリカ戦争が勃発していた。そのとき、パースは金儲けのためか、暗号通信に関する器具を作り、それを売り込むために、従兄弟で上院議員をしているロッジに手紙を書いた。「私は、安全な暗号通信を書くことができる機械を作りました。それとの対になる機械は受信機械のように、早く翻訳ができます。これは戦時において商人に価値あるものとなるでしょう」(彼の従兄弟上院議員ロッジへの手紙、日付なし)

またスペイン—アメリカ戦争についてつぎの詩を三段論法的に書いて、アメリカの帝国主義を揶揄している。「すべての人間は、生、自由、幸福の追求に値する。いかなるフィリピン人も生、自由、幸福の追求に値しない。それゆえ、いかなるフィリピン人も人間ではない」

九月には、パースは重病になった。一〇月の中頃、状態はよくなったようであったが、同月の終わりにはぶり返した。それで原稿を書けない状態になっていた。この頃の生活もひどかった。ジェームズを始めとする友人たちの援助があったが、ジュリエットの宝石なども売り払った。またメアリー＝ピンショーも食べ物やお金で手助けした。しかしパースの病状はなかなか回復しなかった。

六　パースの晩年——一九〇〇—一九一四年

病床の妻ジュリエット

晩年のパース

世紀の代わり目にパースは自分の哲学的労作を終わらせるために、残りのおよそ一三年間について抱いていた洞察を評価していた。彼は情熱的に〈思考の法則〉への彼の独創的な探究をすることによって、自分の人生の厄の過ちを償うことができると信じた。彼の創意から数限りないものが生み出されるという考えからもうすでに脱していた。彼は自分とジュリエットの健康が衰えていくことを十分に承知していた。彼の最晩年には神経痛の病に加え、癌であると診断された。

彼は大変貧しかった。担保になったり、売り家になったりした、ミルフォードのアリスベも、いまや彼らが生活しなければならない唯一の場所であった。パースもジュリエットも共にアリスベを愛した。彼は自分の本と論文とを仲間にして、比較的穏やかさのなかで仕事ができた。ミルフォードで彼らに必要とした費用は毎月五〇ドルかそこらとジュリエットの僅かばかりの収入であった。

しかしピンショー夫妻は例外であったが、二人は友人とか知的な人、芸術関係者とは離れた生活をして、まったく孤立の生活をしていた。彼らは、その家や土地が売れればきっとそうしたであろう。そうすれば、ニューヨークへ帰り、そこで生活すれば何かと便宜で、彼らの病もよりよく看護されたし、仕事もより容易に見出されたことであろう。彼らはアリスベを出ようと躍起になったが、買い手がいなかった。それで、彼らは、謙虚になって楽しい生活を送れるようになると期待しながら、そこに滞在した。またパースは自分の生を再構成し、成功できると信じ続けたのであった。

アリスベの住宅

彼らの生活の様子

パースの友人たち、ジェームズ、ギャリソン、ラングレー、プリムトン、ピンショー、モリソン、兄ジェームズ＝ミルズなどは、自分たちが彼のためにすることができると考えた、どんな仕事も彼に送った。たとえば、ギャリソンは「ネイション」への評論の数とそれの支払料金との両方を実質的に増やした。彼はこれを一九〇五年に退職するまで続けた。またラングレーに手紙を書き、フランス、ドイツ、イタリアからの科学の、あるいは哲学の翻訳の多くの仕事を依頼した。さらに「モニスト」のケーラスからも翻訳や論文の依頼もあった。その年の間中、メアリー＝ピンショーは月に二度食事と他の物をもってパース夫妻を訪れている。

一九〇〇年一〇月の後半、心理学者で、「哲学と心理学の辞書」の編集者に任命されたジェームズ＝マーク＝ボールドウィンから至急の依頼を受けた。パースとジェームズとの間にプラグマティズムの起源に関するやりとりがあったのは、この時であった。パースは一一月に手紙を書いた。「〈プラグマティズム〉という言葉は誰から由来するのか。私かあなたか。あなたはその言葉で何を理解するのか」

ジェームズは絵葉書で答えた。そして彼はプラグマティズムの創設をパースに負っていると二年前に公的に語っていることを述べた。パースの一八七八年の論文で「概念を明晰にする方法」において定義したが、その後出版において何故用いなかったのかは謎である。一九〇〇年に、辞書への定義において、はじめてプラグマティズムの起源が彼にあるとされてから、プラグマティズムは、「観念を明晰にする方法」において制約された仕方ではなく、彼の後期の実在論者の形而上学、宇宙論、記号論の光においてであった。彼はまもなく〈プラグマティシズム〉という言葉を作りだした。

彼はボールドウィンの辞書の仕事をたくさん引き受けたが、それは彼の仕事を超えており、それをやれるスタミナもなくなっていた。そこで彼の友人で、以前彼の学生であったクリスティアーナ＝ラッド－フランクリンに彼の監督の下でその仕事をさせることとした。しかし主題によっては彼女は引き受けることを拒絶した。

パースの仕事

パースは一八九九年一二月まで科学の歴史の第一巻をキャテルに約束した。しかしパースは決して完成させることはなかった。またラングレーは、スミソニアン「年報」に「科学における世紀の偉人たち」としてパースに彼の仕事を出版することを伝えた。パースは、彼の論文がスミソニアンに印刷されるのを大変喜び、数週間以内に、三つの草稿でもって答えた。彼は仮説、演繹、帰納について彼自身の考え方を明瞭にした論文を書いた。彼は草稿の手紙でラングレーに書いた。

「演繹は事物の理想的状態に関係した必然的推論であり、それにおいて前提は絶対的に真であり、演繹は蓋然性に関係する。しかし演繹は何が実際に蓋然的であるかを確定できないが、何が蓋然的であるかを決定できるし、他の蓋然性はかくかくしかじかであると想定する。帰納は類のサンプルを取り出すことにあり、そしていかに多くのものがある種のもとにあるかを観察し、そしてそれゆえ、その類において何らかの所与の個体がその種に属するという蓋然性の値に接近する。仮定は推測することである。現象はその問題について特別なあるものをもっていることが観測される」（パースからラングレーへの手紙、日付なし、しかし一九〇一年五月二〇日と推定される）

カーネギー研究所への応募

新しくつくられたカーネギー研究所において応募していた奨学研究で、パースは哲学における彼の生涯の仕事を書き、彼のものを出版する最後の機会になることをはっきりと見取っていた。彼はプリムトン、モリソン、ラングレー、従兄弟のロッジ、ジェームズに手紙を書いた。彼はカーネギー所長のジルマンに手紙を書いた。「もし科学ということによって、その基本的方法が重要な学生によって余地のない完成の段階に達した研究だと理解すれば、そのとき論理学と形而上学はいまだ科学ではありません」

パースは、自分のこれまでの研究成果をまとめる機会をもつべき、研究所の実行委員会に長い応募を送った。これが成功していれば、パースの研究の独創性が早くアメリカに認められたことであろうし、世界においてももっとはやく認められたことであろう。ここに彼が書き送ったものの概要について紹介しておきたい。

一、理論的科学の分類について。
二、最も簡潔な数学に関して。

三、数学の概念の分析。
四、数学的論証の方法の分析。
五、現象の三つのカテゴリーの性質に関して。
六、それらの反応的様相におけるカテゴリーについて。
七、それらの仲介的様相におけるカテゴリーについて。
八、カテゴリーの歴史的表の吟味。
九、美学と倫理学が論理学に依拠することについて。
一〇、論理学の前提について。
一一、精神の論理的概念に関して。
一二、論理学の定義。
一三、論理学の区分。
一四、発見および論理学的真理の確立の方法。
一五、ステヒィオ論理学（ハミルトンの可能的思考の条件に対する命名）の本性について。
一六、ステヒィオ論理学の一般的概括について。
一七、名辞について。
一八、命題について。

一九、論証について。
二〇、批判的論理学一般について。
二一、第一前提について。
二二、偶然の論理学について。
二三、帰納法の妥当について。
二四、アブダクションの正当化について。
二五、混合した論証について。
二六、誤謬について。
二七、メソデューティク（Methodeutic）について。
二八、探究の経済学について。
二九、探究の過程について。
三〇、教説の体系について。
三一、分類について。
三二、定義と観念の明瞭性について。
三三、客観的論理学について。
三四、自然の斉一性について。

三五、形而上学について。
三六、実在と時間及び空間の本性について。

このようにしてこの概括と全体の適用は、一九〇二年に書かれたばらまかれた要素から、パースの体系が構築できるようになっている。彼の生涯の仕事として、つまり記号学として考えられた論理学の核心となった彼の体系はその後展開されていくこととなった。

「私は少年時代から積極的科学の精神を、そして特に精密科学の精神を吸収しました。そして早くも科学の方法論に関してきわめて好奇心をもつようになりました。その結果、一八五九年に大学を卒業した後まもなく、私はその研究に一生を捧げようと決めました。……論理学を物理学のような科学として扱い、……私の研究を経験によって、特殊で、精密な、正確に調査されるようにすることによって、論理学が以前には滅多にそのように研究されなかったという事実によって、さまざまな発見が私のなかで洪水のように溢れでたのです」（パースからカーネギー研究所の実行委員会への手紙）そして彼はすべての科学は論理学に完全に依拠すると指摘したのであった。

彼の応募を考える第一回の会議は九月に延ばされた。パースの収入は悪化して家具などを売らざるをえなかった。そして一九〇二年に開かれる予定の会議も延ばされた。この間にキャテルはパースにコロンビア大学の論理学の講師を勧めようとしていた。彼はそこで心理学部門の長をしており、キャテルの何を教えるかという尋ねに、パースはつぎのように答えている。「プラグマティズムが私の教える命です。つまり論理的問題は何が目的に関わっているのかをたんに記することによって決定されるべきです」（パースからキャテルへの手紙、一九〇二年一二月一九日）

「パース氏はこの国の数少ない天才の一人です。彼の独創性、知識、表現力は最高です。彼は科学の仕事をすることでしょう。カーネギー研究所は彼を援助することができる何らかの歳出……彼はある特異性を持っています。それは天才には滅多にないものですが、科学の前進と英国とアメリカとの協会に採用された計画を望ましいものにします。……もし委員会がパース氏の生活費用を負担するように、論理学と科学的方法を取り決めたら、私は科学に対する最大の重要な結果がえられると信じます」（キャテルからウォルコットへの手紙、一九〇三年一月五日）

パースはカーネギー研究所のグラントに拒否された。その理由は、パースの悪評に大いによっていた。パースは道徳的に堕落し、精神的に不安定で――多分狂気で――横柄で、無責任だと見なしたからであった。パースに同情的な評議委員でさえも、パースが神経痛の薬を使用し、それの服用によってもたらす結果についてよく知っており、グラントに適しているとは支持し難かった。

ハーバード大学での講義

パースは一八八四年にジョンズ・ホプキンズ大学を去って一九一四年死にいたるまで、実に書きまくった。出版されなかった原稿は八万頁という莫大な数であった。それらのものは、プラグマティシズム、批判的常識主義、カテゴリー、現象学、美学、倫理学、記号論などであった。

こういうなかで、カーネギー研究所のグラントも駄目になり、益々一層彼の財政上の危機はひどいものとなった。一九〇三年にはジェームズがハーバードでのパースの講義を持ちだし、それをエリオット総長へ手紙を書いた。「あなたは五年前に私が大学の法人に尋ねましたことを覚えておられると思います。もし私がお金を上げたとき、彼らはパースに論理学の講義の短いコースを与えるように、決めるかどうかを尋ねました。

法人は断り、講義はブラトル通りのブル夫人のところで行われました。大成功でした。パースは残りの生涯を論理学のことを書くことに捧げようとしています。それは疑いなく大きな本になると思います。一方では、明らかに如何なる手段も持っていません。私は財政的に喜んで手助けいたします。……彼は三ないし四人の第一のアメリカの哲学者の一人です。彼の天才がある公的な認識に値すると思われます。半ダースの、一講義一〇〇ドルが私には正しいように思われます。法人は以前の気持ちを変えることができませんか」（ジェームズからエリオットへの手紙、一九〇三年二月二八日）ハーバード法人は是認した。

それでパースは一八七〇年以来はじめてハーバードのキャンパス内で講義をした。それは七つの講義からなっていた――「プラグマティズムと規範科学」「現象学について、あるいはカテゴリーについて」「カテゴリー」「形而上学の七つの体系」「三種の善について」「推論の三つの形について」「プラグマティズムとアブダクション」という講義で三月から五月にわたってなされた。ジェームズを含め、ジョージ＝サンタヤナが聞いた。彼らは、パースの講義を曖昧だと受け取った。パースはラッド－フランクリンに手紙を書いた。「一九〇三年の春、私はジェームズ、ロイス、ミュンスターベルクの影響でハーバードでプラグマティズムに関して講義をするように招待されました。私はそれらを印刷にするつもりでした。しかしジェームズがそれらを分からなく、それらは印刷することを奨めないと言ったのです。私自身はそれらを理解するのに何らかの困難があるとは考えません。しかしすべての現代の心理学者たちが感覚主義にひどく漬かっていて、彼らがそうでないものを理解できず、論理学について語るものはなんであれヴントの観念に間違って翻訳されてしまうのです」と述べている。

これらの講義において、パースは一八六八年から六九年において哲学の鍵となる問題として、最初に提起した問題に戻ってきた。そしてそれに対して一八九二年に「精神の法則」において予備的な答を出した――経験としていかにして知識は可能か。つまり私たちの内と外との両方で独立した、扱い難い本性がいかにして論理的議題のなかに入るのかと問い、彼はそれはアブダクションによって入ると答えた。

サンタヤナは、「カテゴリーに関して」の第三の講義に出席した。それはパースの記号論を取り扱っている。彼はそれについてつぎのような手紙を書いた。「私はハーバードの講義の一つを聞きました。彼はジェームズのところで夕食を取っています。……彼は赤鼻をして、身なりはよくありません。彼の講義の一部は下原稿はなく、気まぐれのように思われました。しかし彼がその夜記号をインデックス、記号、イメージ（イコン）にわけた分類のことを覚えています。現実の書き物にはないとしても、しばしば私自身の思考で用いています。多分私が覚えていない他のはっきりとしたカテゴリーもあったのだと思います」サンタヤナはプラグマティストではなかった。しかし彼が何らかの面でプラグマティストにアプローチしていたのは本当であったようだ。

ウェルビー夫人との書簡

パースとウェルビー夫人との書簡のやりとりが始まったのは、一九〇三年の春からであった。英国哲学においてマイナーな人物であったウェルビー夫人は「意味の観点」に関して一連の本を執筆していた。その本は大変簡潔で、魅力をもち、人々をひきつけたので、パースはそれらの本の一つの評論を書いた。パースは彼女とバートランド゠ラッセルとを比較した文章を書いた。ウェルビー夫人は彼に感謝の手紙を書いた。これが二人の書簡のやりとりの始まりであった。

八月には、パースはジェームズ゠ミルズからお金を借りざるを得なかった。秋になると、彼はしばしば家具を売ったり、林檎、胡桃、干し草を売ったりした。その間ウェルビー夫人は幾度も彼に英国訪問を求めたけれども、もう経済的にも、健康からしても行ける状態ではなかった。

彼はウェルビー夫人に説明しているように、「私はオーバーワークで、危険になるぐらい疲れきっています。六五歳になる人間が私のように、二日連続して夜と三日間昼中仕事をすべきではありません」（パースからウェルビー夫人への手紙、一九〇四年一二月二日）。彼が当時していたことは食べ物のためにお金儲けをすることであった。ウェルビー夫人は、パースとジュリエットが来てくれるように書き、彼女は彼のために彼女の広い図書室を利用することを申し出ている。

彼はウェルビー夫人に手紙を書いている。「親愛なるウェルビー夫人、私はあなたの親切なもてなしを受けなければなりません。そうすることは大変な楽しみでもあります！……しかしこの場所を売ることはけっして容易なことではありません。そして私がしなければならないことなのです。といいますのは、私はそれに悩まされることはできません。またすることは大変悲しいことだからです。何故なら、その家は妻の装飾の芸術作品だからです。私たちはそれらを一緒に計画いたしました。私は建築家です。職人を直接に雇い、私が直接手に入れることのできない材料を買いました。妻は装飾の真の芸術家です。すべてのものは、大変効果的に大望の微かな示唆なしに柔らかになっています。その家は他の家のようではなく、深い安らぎの精神がいきづいています。失うと悲しいのです」（パースからウェルビー夫人への手紙、一九〇四年一二月一六日）と書いた。パースは晩年になってファンタジィの世界で、時を過ごすことが多かった。そしてなおも論理学を追求していた。

しかし彼の病気は再発し、そのこともウェルビー夫人に書いている。

プラグマティックな方法

パースは「モニスト」に、五つの論文を四月から一〇月まで書いた。「プラグマティズムとは何か」「プラグマティシズムの問題」「プラグマティシズムの弁明のためのプロレゴメナ」であった。四月には、彼は彼の旧友であったトマス＝サージェント＝ペリーからプラグマティズムに関するパースの考えについて手紙を受け取った。

「親愛なる多くのプラグマティックなパース様へ

『モニスト』でのあなたの立場をあなたが防衛されておられることにお礼を申し上げます。それは、私もプラグマティストであることと私との問題が何であったのかを知ることなくおる者です。……私はプラグマティックとは、苦難（Cross）を意味し、悪習の言葉であると考えてきました。しかしいかに精選し、いかに高めるかは神的な哲学であるのかを理解いたします。いまやプラグマティックとは真理を知る人を意味します。……このことは哲学が如何に役立つかを示していま す。敬具、ペリー」（トマス＝ペリーからパースへの手紙、一九〇四年四月一二日）。

パースが第五と最終の代表的な論文で企てたことは、一八七七―一八七八年の「科学の論理の解明」であった。一八六七年の「カテゴリーの新しい表」から展開したものとしてカテゴリーについての論理的実在論と「デザインと偶然」において二〇年以前に始めて形成した進化的形而上学と宇宙論の客観的観念論の探究の論理を結びつけることであった。彼がそうしたのは、〈ハード〉な科学的パースペクティブからであった。彼のとった戦略はその言葉が生じた仕方についての短い歴史を与え、ジェームズ、C＝S＝シラー、パーパニィなどのプラグマティストたちの観念を示し、それからそれの論理的実在論において彼らの観念とは本質的に異なった彼自身の教説を区別することにあった。

「どの真なる命題も主張していることが実在的であるのは、それがあなたや私が考えることにかかわりなく、存在しているという意味である。これを未来に関する一般的条件命題だとしよう。そのような命題が人間の行為に実際的に計算されるような実在的命題であり、そのような命題をプラグマティストはすべての命題の公理的な目的であると主張する」(5.433)

彼は一八九一―一八九三年の「モニスト」における宇宙論の論文に言及して、持続性は実在の必要欠くことのできない要素であり、それが論理学において一般性、思考の本質として表現され、そして実在が存在するということをそこで招待したと考え方を要約したのであった。「そこでは、感情と行動だけから成り立つものではなく、これらの二つの要素は示されている原初的混乱はまったくの無であるとはっきりと示されている。ここで述べられているあの理論(「モニスト」で述べた)を引きだした動機はプラグマティシストたちが守ってき、守らなければならない強力な光、つまり第三のカテゴリーが――思考のカテゴリー、表象、三項関係、媒介、純粋な第三次性、第三次性そのもの——実在の本質的成分であって、それ自体実在を構成しない。このカテゴリーは行為なしに具体的に存在できない。……プラグマティシズムがヘーゲルの絶対的観念論とかたく提携しているのは真実である。……というのは、プラグマティシズムは本質的に哲学的教説の三つの組になっているからであり、そしてヘーゲル主義よりももっと本質的にそうであるからである」(5.436)

六月には、パースは『センチュリー辞書』の補遺を書いた。彼は「プラグマティック」「プラグマティシズム」「プラグマティズム」「プラグマティスト」「道具主義」の項目を書いた。『センチュリー辞書』は、すでにパースの「良識(Common-Sense)」の定義を含んでいた。それはまたアリストテレス、カント、リードにも言及していた。それにまた批判哲学の定義でカントの理性批判にも言及した。

論理的実在論

パースの見解をプラグマティックな観点から論ずることもできようが、彼が生涯を通して追求してきたことは論理学的観点からであり、その観点から実在の何かが問われている。その意味では、彼を論理的実在論者として捉えた方がより適格であろう。彼はある手紙のなかで、つぎのように述べている。

「唯名論は、意識がつまり知覚が実在物ではなく、事物の記号であると導入しています。しかし私が『ポピュラー・サイエンス・マンスリー』で論じたように、これらの記号は事物そのものであります。実在物は記号であります。記号を離れ、そして実在物へ取り組むことは、タマネギの皮を剝ぎ、タマネギそのものに取りかかるようなことを意味します。……

最近、私がしかめ面で飲む苦痛を味わっているとき、私は長い長い間読んでいなかった三冊の本を読んで楽しもうとしました。その三冊の本とは宗教の本で、バンヤンの『天路歴程』、ボエチウスの『哲学の慰め』、ヒュームの『自然宗教に関する対話』である」（パースからF＝ラッセルへの手紙、一九〇五年七月三日）

パースは彼が「有神論」と呼んだ、宗教にとっての経験的正当化の方へゆっくりと動いていた（それはアボットの〈科学的有神論〉と非常に密接に関わっていた）。すべてを浸透する神の現前がどの仮説の検証よりもその権威の力において異ならない仕方で、経験されるという非汎神論――超感覚的実在が精神と自然との共同社会として感覚において神秘的に存在できるという神秘主義の教説である。この問題については、パースはジェームズの手紙に触れている。「有神論の主題について繰り返し語ることをお許しください。あなたをよくするために、何かを言えると考えることは私には奇妙に思われます。しかしこの美しい国に暮らすことは、すべての人がそうであるように、宇宙の愛に転倒せざるを得ません。そうだと考えることを止めたすべての生き物には、愛が浸透していま す。愛には抵抗できません」（パースからウィリアム＝ジェームズへの手紙、一九〇五年七月二六日）

倫理学に対する美学の優位を形式にとらわれずに論じるこの手紙――「神の実在に関する怠惰な

論証」の草稿としてすでに形式的に展開していた立場──は、あるサマースクールで講義する立場が実現しないことが分かった後で、まもなくジェームズに書かれたのであった。

「私は長い間実践問題に悩んできました。確かに、論理学を有能な人間にすら教える機会をもつことがきわめて少なくとも実際に機会があれば、その義務に干渉することを決して許すべきではないと思います。といいますのも、私はいつ呼ばれてもそのことをする準備ができている世界へ確かにおかれているからです。他方、私は簡単な義務を果たすことが妨げられるような実際の可能性が何もなく、ファンタスティックな可能性を許すことができませんし、許すべきではありません」（パースからジェームズへの手紙、一九〇五年七月二三日、ただし送られていない手紙）

それに対するジェームズの反応はつぎのようであった。

「私はヴントについてのあなたの長い覚え書きを二週間前にその素晴らしさに賞賛をもって読みました。あなたはとてもよくジャーナリスティックなタッチをされています。それに加えてあなたの論文はつねにある独創的な思考あるいは少しばかりの学問を常に含んでいます。

あなたが、〈サマースクール〉について書かれたとき、あなたはハーバードとかシカゴどちらかのことを言っておられるのではないと思っています。あなたはこの場所のことを言っておられるように思われます。私は何の後悔もありません。私は二つの講義をしています」（ジェームズからパースへの手紙、一九〇五年八月一日）

ギャリソンはその年の中頃「ネイション」の編集の仕事を健康を害して辞めた。パースはギャリソンの温かい骨折りに感謝をした。「ギャリソンは雑誌を導くのに示してくれた本当に特別な技術。彼が主題について殆ど何も知らなくても、彼の鋭い才能は、彼が本を発送する前に、その価値はどんなものかかなり正確に知っていたということである」（ウェンデル＝フィリップ『ウェンデル＝フィリップ＝ギャリソンの手紙と記憶』、156－57）

ギャリソンの退職

ギャリソンは彼の寄稿者の意見をそれほど高く評価していなかった。彼はボストンの歴史家ウィリアム＝ロスコー＝ティヤーに手紙を書いた。「哲学において、私は自分の自然的性向よりも遥かに多く歩みます。それは形而上学に直面してドアを閉ざすことになろうと思います。私はそれを重要なものと見なします。そして私が評論において選択できる最大のことをいたします。しかし時によって、それらのものをコントロールいたします。ジェームズの活発な知性を高く評価いたします。そしてそれを彼の兄弟のものよりも高いランクづけをいたします。しかし彼の『信じる意志』は最低の共感しかできませんでした。X（パース）に関して、決して共感をもつことはありませんでした。Zが私に手紙を書かなくなってから、私は彼が何をしているか知りませんでした。しかし彼の職務上のライフ・ワークは私には人類にとって不毛であるように思われます」（同、58－59）

ギャリソンの退職はパースを文字通り文《もん》なしにした。というのも、ギャリソンに対して書かれたパースの論文のおよそ三〇編以上が一九〇五—一九〇六年に出版されたが、支払いはすべてそれ以前になされていた。それ以降に起こった貧困は、ジェームズの手紙に見られるように、パースに深刻な影響を与えたのであった。「何か月の間人を半分食べさせ、他人の口から食べ物を取り出すことを怖れ、人の心に混乱を引き起こさせ、なすべきではなかったとしてものごとをかたづけたり言ったりし、そして人を正しさから厳しい判断にさらすのです」（パースからジェームズへの手紙、一九〇六年一月一日）

自殺への思いとパースの援助

パース夫妻はこの時期をウィリアム＝ジェームズによって出された贈り物とメアリー＝ピンショーの手助けで生きていたようである。「私が大変な病気でまる一か月寝込んでいた。ピンショー夫人が妻の所へやってきて、彼女の手に三〇ドル紙幣を握らせた」（パースからジェームズへの手紙、一九〇五年七月三〇日）

一体どのぐらい早くから援助がパース夫妻に対して始められ、しかもどの程度であったのかは分からない。ジュリエットにも少しは収入があったようだし、また援助をする人たちも、無論情報を当然に秘密にしたがった。

多分ジェームズやピンショー夫妻、そのほかの人々からの現金の贈与は早くても一八九八年頃から非形式的な形でなされた。ジェームズはジュリエットへ一年も先の、パースの講義に対して支払われるようにした。一九〇六年には貧乏はこれまで以上であった。パースの仕事と言えば、「ネイションョン」の新しい編集者パウル＝エルマー＝モアーからたまたま入っただけだった。

チャールズの兄ジェームズ＝ミルズは、非常にしばしば彼を助け、チャールズに仕事を与えるべくベストを尽くしたが、大抵失敗した。その彼も三月に亡くなった。そんな訳でチャールズも文なし状態になっていた。彼はジェームズに手紙を書いている。「二九セント持っている。病気になってうまく書けない。家の中には豆の一缶がある。それ以外なにもない」（パースからジェームズへの手紙、一九〇六年一〇月三一日）最終手段として、彼はある価値のある本を売った。その時ジェームズが彼の代理人であった。一一月にはチャールズとジュリエットはケンブリッジへ行った。そして彼はニューヨークの「ポスト」の報告者として科学国際アカデミーのボストン会議に出席した。一二月一三日にジュリエットはミルフォードに戻った。

しかしチャールズは、レポートの報告のために、ケンブリッジのブロードウェイにある下宿屋に移った。そこで彼はお金を使い果たした。彼はラッセルへ手紙を書いた。

「私が宗教に関する論文のことを忘れなかったと信じていただきたい。しかし私には本当に時間がなかったのです。私が少しばかり休息をとることをよぎなくされたとき、私は重病の危機に——非常に重病に——あって、心配で気が動転していたので、心配で自分の心が弱まって、餓死が大であると気付いたとき、生命を断念し、自殺の誘惑に駆り立てられました」（パースからF＝ラッセル

への手紙、一九〇六年一二月二八日)
この手紙から、二、三日以内にパースはジェームズの教え子ヘンリ゠アルスベルグに見つけられた。その学生の話によると、「ある日宿の女将さんから年老いた紳士をみるように、言われました。その男は病気で死んでいるような有り様でした。中に入って行くと、病気で、疲れ切った、明らかに栄養失調と看護のいない男の身体を見つけました。名前を尋ねたとき、その男は、〈チャールズ゠パース〉と言いました。大変混乱した状態で、アルスベルグは、ウィリアム゠ジェームズを探しにでかけ、そして彼と彼の友人はジェームズが講義からでてくるのを捉えた。ジェームズは彼らの話を聞いた。〈どうしたのか〉と顔色を変えながら言った。〈私は彼に全てを負っている！　そしてパースを呼びに行くために、彼らの馬車に乗せて、そして彼を家に連れて行った。そしてまだポケットには二、三セントが入っている彼をその家から連れて行った〉」(Rukeyser, Muriel. Willard Gibbs, 378)
このことがあったのは、一九〇七年一月の始めのことであった。パースはもはや自分のことを自分で支えていくことが出来なくなっていた。ウィリアム゠ジェームズはパースを支援するために基金活動をしたときの有り様をヘンリー゠ボーディチに手紙で示している。
「パースが自分の生活をできないことを時間が認めています。ここ数年のやりくり算段では駄目になってしまいました。彼は友人と親戚に見てもらわなければなりません。

私は友人を代表しています。年に計四〇〇ドルあるいは五〇〇ドルを作るためにある種の金額を得ようとしています。五〇ドルという少ない額の基金もその仕事です。私は五〇ドルを約束いたします。もし親戚が同じようにすれば、救済は莫大なものになります。というのも、C＝S＝パース夫人は第一クラスの経済学者で、二人は田舎で暮らすなら何とかやって行けると思うからです。この計画は浪費に備えることです（といいますのは、チャールズは一ドルと一〇〇ドルとの差異についていかなる観念ももっておらずに、お金を扱うのに不適切だからです）。基金を受け取るのに銀行の現金扱いを指定し、二週間後に送金し、決して越えないようにすべきです。

これをあなたの兄さんのチャールズにおくってくれますか」（ジェームズからヘンリー＝ボーディチへの手紙、一九〇七年一月二六日）

親戚にも友人にも寄付者がいて一〇〇〇ドルぐらい集まったが、その管理について難事が持ち上がった。ジュリエットは大変自尊心が強く、受け入れることを拒否した。しかし最終的にはそれが彼女の夫を支えるものだとして、お金を受け入れることに同意したのであった。いろいろなことがあったが、その取り決めは全体として、うまくいった。

パースはケンブリッジの下宿屋にとどまり、旧友でパースの賞賛家である人に七月まで家庭教師をした。しかし依然として危険な鬱病に悩まされ、自殺に脅かされた。ジェームズへの手紙につぎのように書いた。

「私は若い人々へ教える立場にはありません。そしてこの虫食い大学で、あなたよりそぐわないでいることを考えることは幸福です。しかし私に援助すべき若い哲学者たちがいたら、私は彼の表現にまったく満足させられるまで、出版を差し控えることを警告として自分自身を主張すべきである。……

誰も私のいうことを理解いたしません。あなたはまったく理解できないものとして外延と内包との区別に躊躇しています。……アメリカは私のようなものがいる場所ではありません」（パースからジェームズへの手紙、一九〇七年六月一三日）

七月の初めに、哲学クラブで、ハーバードや他の場所での彼の最終講義、〈論理学的方法論〉に関して二つの講義をした後、彼はミルフォードにジュリエットと一緒になるために帰ってきた。九月には、パースはジュリエットにすべてを残す遺書を書いた。しかしもし彼女が彼よりも早く亡くなった場合、「私は私の友人で、心理学者として著名なウィリアム＝ジェームズの長男に全てを与える〉と書いた。一〇月にはニューカムは、数学者ジョージ＝ウィリアム＝ヒルの全集についてのパースの批評に怒って不平を述べた。彼は、天文力学、つまりニューカムの領域は新しい真理の発見の方法ではなく、たんなる計算の方法であるということによって始め、そして続けた。

「私はこの種のことをする人々にどんな中傷も致しません。私は彼らが特別な心をもたなければならないと言いました。……あなたとヒルと他の理論天文学者は、彼ら自身の成功が大抵の人々に

パースとジュリエット

対して彼らの科学を興味なくするようにさせた——大抵の数学者に対してさえ——人生の午後に見出すことは、悩ましいことである。しかしそれは事実である」（パースからニューカムへの手紙、一九〇七年一〇月三一日）

参考までだけれども、ニューカムは二年後に亡くなった。

最後の仕事

絶えず衰えていく健康にもかかわらず、パースは自分の生涯の最後の数週間まで頑張って仕事を続けた。そして驚くべきことには、現在〈形式記号論として定義されている論理学の体系〉と呼ばれている彼の仕事を実り豊かに成し遂げた。

一九〇〇年と一九一二年との間に、彼は一八六七年において示した記号の超越論的教説の基礎を彼の全体的建築術に変えた。それでもって彼はプラグマティズムを変えたのであった。一八七七年から七八年において探究した規範的、方法論的論理学のもともとの概念をプラグマティシズムに変えたのであった。彼のプラグマティシズムは批判的常識論——感覚主義と普遍的なものについての実在論者の理論によって、正当化される宇宙論的に方向づけられた、連続主義的形而上学であって、その全体を彼は鋭くジェームズやその他の人の唯名論的、個人主義的プラグマティズムと対照したのであった。

パースにとって、記号は「私たちが何かをもっと知っているということによって知ることの何か」である。記号は解釈するプラグマティックな教示を構成するのである。パースは記号について三種類を命名している。それらは三つのカテゴリーに対応しており、イコン、インデックス、シンボルである。シービオックはつぎのように説明している。「ある所与の対象は、それが示される状況によって、イコン、インデックス、シンボルにおいて、ある程度機能できる」（シービオック「インデックス性」「アメリカン・ジャーナル・オブ・セミオティックス」、一九九〇年 no.4）

記号論、つまり記号使用の活動性は、三つの要素、記号、対象、解釈項を伴う。記号論者で、作家のウムベルト＝エコーにとって、記号論の宇宙は人間の文化の迷宮であり、それ自体は解釈項の無限のネットワークであり、それの秩序はせいぜい記号を用いることの分担とされた方法である。一九〇九年頃、パースは、私たちに親しいそのような三つの宇宙について同定した。それらはつぎのカテゴリーの例である。

「第一のものは全てのたんなる観念を包括し、それに対して詩人の心、純粋な数学者、あるいは他に地方の住まいをもっているし、その心の名前が与えられるかもしれないような空虚なものを包括している。それらの非常に空虚なもの、つまりそれらの存在がたんなる思考を得ることが出来ることにあり、誰かがそれらを現実に考えを得ることではないという事実はそれらの実在を救うのである。第二の宇宙は、事物と事実の野生の現実性のそれである。第三の宇宙は、異なった対象の間の結合を、とりわけ異なった宇宙における諸対象の間の結合を打ち立てる積極的な力である。そのようなものが本質的に記号であるすべてのことである」(6.455)

パースにとってどんな人間も記号であり、そして「植物でさえも記号を発して生きている」。彼の宇宙は発話において豊富であり、実在について彼に語りかけるのである。それゆえ、私たちが知覚する世界は、記号の無限な糸であり、それらの一つ一つは、それ自身よりは――実在物――より何かを見習い、指し示し、シンボル化する。記号学は、膨大な文学がそれと交わっているにもかかわらず、いかに意味が生じ、意味が固定化されたかのような基本的問題に答えることができない探究の悩ましい領域である。彼の建築術の基礎と骨組みとしての記号論におけるパースの素晴らしい独創的で、開拓的な仕事である。それらの大抵のものは、彼の生涯の最後の一四年間においてなされ、それらが彼の最大の名声となったものであるが、当時それらのほとんどどれも彼の生涯では理解されなかった。

一九〇八年から一九〇九年間に、〈楽しみの迷路〉というシリーズを出版した。これらは一九〇三年のローウェル講義についての展開であった。そして同じ目的を持ったもので、論理的形式の目に見える骨組み――〈思考の動く絵〉――という一般的聴衆に見せるものであった。以前に彼は宗教に関する論文のシリーズを書き始めた。「ヒルベルトのジャーナル」のために、一〇年間ずっと考えた主題であった。その最初のものだけが一九〇八年に出版された。論文「神の実在に関する怠惰な論証」は三つの論証を生みだした。

それらの努力は、「諸君、神は存在しなければならない！」という感嘆符で終わっている美と経験からなる彼の父親の非形式的論証をプラグマティックな様態で終わらすことであった。それの第一の論証は、彼が〈質素な論証〉と呼んだものであり、それは私たちの取り巻く世界について思い巡らし、娯楽の自由な衝動（遊戯衝動）、子供のように広い目で遊ぶことに依存する。一度神の観念が現れてくると、考える人は彼の厳密な仮説的神の愛と崇拝によって観念の美とそれの壮厳な実践性によって、彼の本性の深さに駆り立てられるようになるであろう。

第二の論証は、〈質素な論証〉の正当化はこの不可能な曖昧な命題を批判するという実りなき企てにあるのではなく、事物の本性の説明として、そして行為の理想の源泉として、それらの両方のものとして神それ自身の観念について直接的な美学にひかれることにあるということである。論理学が倫理学と美学から生じたのは、このような仕方によっている。

第三の論証は、自然と精神がそのような社会をもつのは、真理に対する傾向を私たちが推測することによるとする理想的――実在論的教説の命題であるということである。「科学の発見は、それが自然の過程がどうなのかを私たちに予知させるが、結論的であるので、私たちは神のどんな思考

も考えることができないけれども、彼の思考の断片をいわば捉えることができるのである」(6.502-503)

これらの三つの論証は、第一次性、第二次性、第三次性に対応した、パースの有神論を記述している。「厳密に仮説的な神」に見方した全論証は、科学的な意味においての経験的なものとして提出されたのであった。パースが書いた直接的な経験――ヴィジョン（見解）――は、科学者が観察した現象の外側にたっている科学者たちの見解である。それは神秘家の見解ではない。

一九〇九年のある時に、パースはケーラスの提案を再び真剣に考えた。つまり「ポピュラー・サイエンス・マンスリー」誌に出した「科学の論理の解明」を改訂するという提案であったが、それの改訂は決して完成することがなかった。パースはこのお金を儲けるという話を断念したのではなかった。いくつかの改訂がなされ、またそれをもっと魅力的にするために、それは家でなされたが、しかしクリスマスの日までには、パースは憂鬱になって、それを止めた。恐らく癌が進んでいたのであろう。彼はクリスマスの日にこう書いた。

「一二月二八日私は二日間恐ろしく病みました。そして現在溺れた鼠のようです。ジュリエットも昨夜また病気でした。そして時折彼女が冬を通して生きていくのが希望ないように思われてくるのです。私のインクは二、三日で凍るでしょう。そしてそれから私は何をすべきでしょうか、私はいぶかるばかりです。

あなたは私がジュリエットに値しないと言います。しかし砂漠に何らかの本当の意味がある限り、私もまた苦々しく分かります。私が愛するということも苦々しいのです」（パースからジェームズへの手紙、一九〇九年一二月二五日）

ウィリアム＝ジェームズの死

パースは一九〇九年五月に、サンティアゴ（聖ジェームズ）という名前をとった。その後しばしば自分自身のことをチャールズ＝サンティアゴ＝サンダーズ＝パースと名乗った。

しかしパースの長年の友人であり、パースの世話をして、パースを助けてくれた、ウィリアム＝ジェームズは一九一〇年八月に亡くなった。ジェームズのパースに対する尽力は本当に多大であった。ジェームズの発意でのパースの基金はジェームズ亡き後も続けられた。

パースの恐ろしい後悔の念は、彼の最後の数年間、自己破壊の原因の探究へ向けられた。彼の探究は、セサレ＝ロンブロソとフランシス＝ガルトンによって提出された生物学的決定論のタイプに集中していた。その時代に彼は、ロンブロソの証拠と半ダースの生理学者の実験が犯罪に遺伝されるということをはっきりと確立したと書いた。

彼の死の三年前に、パースは自分自身の欠点を見出すのに大部分生物学的遺伝を見た。ロンブロソは太い眉毛、両顎前突、下に付いた耳、それに隔世遺伝を探し、パースも彼の祖先を探し、「三

ウィリアム＝ジェームズ

つの精神的なよじれ」を見出した。つまり数学者が異常に多いこと、非正当的な宗教的見解へ導かれる暴論となる論争へ巻き込まれること、そして誇張された感覚をもち、それが道徳的に自己制御をできなくしている。彼は数学者たちが精神異常の異常な性向を示すのかどうかを見出されるのかどうかを試みた。そしてこの説明から、自分を他人に説明するのに、彼の家庭とジェームズ＝ミルズを除いて、三叉神経痛との闘い、それには彼の父親もかかっていたので、パースは多分遺伝的であると信じた。それにまた彼の左利きなどがあった。こうしたことに対して、「私の能力のなさの最も極端で、嘆かわしいものの一つは言語表現ができないことです」(MS 632)。

　パースが彼の片意地の行動を説明するために、遺伝的な欠陥を求めたということは、精神と自然との社会の物理的表現として本能についての彼の見解と首尾一貫していた。しかしそれはまた道徳的で心理学的な洞察に欠けていた。

パースの死

　パースは一九一四年三月一五日に彼の記号論についての最後の筆を取った。「ここでの推論の教説は著者の人生の五〇年以上にわたる最も注意深く導かれた探究の結果である。

推論の学である論理学へかなりの寄与をされてきたどの他の人と同じように、私はその主題に関して受け取られた用語のいくつかの意味においていくつかの修正なしに、私の結果について明瞭な観念を伝えることは実際に不可能であることに気付いている」(MS 752)

パースは一九一四年四月一九日日曜日の夜九時三〇分に亡くなった。遺体は火葬にされ、その灰は彼の妻ジュリエットが二〇年後に亡くなるまで居間に白銀の壺の中におさめられておかれていた。彼の従兄弟のベンジャミン＝パース＝エリスは、翌日ボストンで発刊されている新聞にパースの追悼文を出した。「彼は彼と接触した人々殆ど皆をつまり妻たち、親戚の人たち、交わった人たちを愛し、憎しみ、喧嘩をした」また弟のハーバートは姉のヘレンに手紙を書いた。「チャーリィの生まれつきもったあまやかさと偉大な才能」「彼の本性であるあまやかさと彼の愛情深さについて、私も君もほとんど非常に密接なつながりを持っている」。

死の床のパース

ジュリエットはチャールズが亡くなっても直ちに隠退の生活をしなかった。彼女とロイスは彼の遺稿を一緒に整理し、ハーバード大学の哲学科に送った。チャールズが亡くなってから二〇年経ってジュリエットは一九三四年に亡くなった。

ロイスのパース賛美

一九一三年に、ロイスはパースの哲学に関して四つの講義をした。一八六七年と一八六八年との論文と「知覚、概念解釈」、「解釈する意志」、「解釈の世界」、「記号の教説」についての彼の研究の成果についてであった。それらの講義は『キリスト教の問題』という本に含まれている。

「パースの解釈の概念は、ヘーゲルの弁証法的三段階の過程が大変特殊な事例であるという極端な一般的過程を定義している。彼自身の過程についてのヘーゲルの基本的例証は倫理的で、歴史的である。パースの比較理論ははっきりと社会的な事例によるのと同様に純粋に数学的事例によって証明されている。論理的動機と心理的動機との間には本質的な一貫性はない。それらの動機は、パースの解釈の三段階の基礎にある。そしてヘーゲルの関心は、定立、反定立、それに高次な総合にある。しかしパースの理論は、それのはっきりとした経験的な起源とそれの非常に精密な論理的作業をもって、ヘーゲルが深淵に問題的であるとした問題に新しい光を投げた」（ロイス、『キリスト教の問題』184-86）

パースは彼の本当の弟子から、この特別で、本当にパースの考えを理解できるような賞賛に対して深く感謝した。

一九一一年と一九一四年との間に、アリスベを流行の宿、クラブハウス、サナトリウムとし、もっと売れるようにしよう、と絶望的で、痛々しい努力を払って、パース夫妻は、不規則な、切妻屋根の三階をつけ加えた。しかしこの計画もチャールズやジュリエットの生涯中では終わらなかった。

またパースの生涯の最後数年間、メアリー＝ピンショーと彼女の息子ギィフォードは、よりよく生活しやすいように、出来る限りのことをした。その様子を伝えるパースの手紙がある。

「あなたの素晴らしいプレゼントはとても私たちのことを喜ばせました。籠それ自体は彼女にとって喜ばしいものでした。中味に関して、数日間まだそれを十分に味わっていませんけれども、私たちの各々にとって最も美味しいと思いました。彼女はそれらのなかから特にいくつかのプリーンを見つけました。……大統領［ウィルソン］に関しては、私が予想していたよりも断然優れていますす。原則的に私は強力な民主党員です。しかし現実の党はひどいものです。絶対的に愚かな投票の実際の数を減らす方法があればと望んでいます。

女性の投票に関して、無論女性は男性と同様にそうすることにふさわしいのです。あるいはふさわしくないものはありません。……しかし集団において、女性はそれを望むとか、あるいは望むべきであるとは考えません。そしてこの国において私は女性が望むことを必要とするすべての影響力をもつと考えます。より大きな集団では、女性の方が男性よりも断然優れています」(6.131)

パースは亡くなった。パースの最晩年は恐ろしいほど貧困と病に悩まされ続けた。アメリカがいろいろな矛盾をはらみながら多様なものをいつの間にか統一していき、アメリカとなっていったのであるが、彼の独特の性格が災いして、アメリカ社会に彼の豊かな才能を示す機会をほとんどもつことなく彼の生涯を終えた。そして彼の業績は残念ながらほとんど認められることもなく、晩年の生活では彼の人生で繰り返された敗北と不名誉のために、彼は法的に逃亡者となった時もあった。彼の最晩年はミルフォードのアリスベで暮らしたが、食う物ももたないほど貧困で、また病的状態にあった。それでも彼は書きまくった。それは、プラグマティシズム、批判的常識主義、現象学、記号論、倫理学、美学の領域に及んだ。

そうした彼が書き残しているのは、フェミニスト的な発言である。この「…女性の方が男性よりも断然優れています」という表現である。彼は依然としてフェミニストとして活躍している前の妻ジーナのことを思っていたのか、彼は彼の思想と同様にフェミニストとして時代を先んじていたのだった。パースの思想がアメリカに伝わり、アメリカの独創的思想家として知られるようになるのはパースの死後ずっとたってからである。アメリカはパースをまって独創的な思想家を生んだ。アメリカはピューリタニズムの影響を受け、多様な思想の内にはらみながら、アメリカン・ウェイ・オブ・ライフを作り上げてきた。パースも特異な生涯を送ったが、アメリカン・ウェイ・オブ・ライフを作り上げた一人であった。

七　パースの哲学

反デカルト主義の出発

パースの哲学の出発点は反デカルト主義の立場をとる。彼の立場は科学の方法に依っている。彼は科学の方法を推し進め、この方法からデカルト主義の精神を批判し、反デカルト主義の立場を主張する。デカルト主義の立場は、（一）普遍的懐疑から出発すべきである、（二）デカルト主義の哲学は確実性の究極の吟味が個人の意識の内部で行われるべきである、と主張する。パースの哲学の出発点はこのデカルト主義の精神を否定し、従来の権威の方法と先天的な方法ではなく、科学の方法で始めようとするのである。

パースに従えば、私たちは懐疑から出発することが不可能である。哲学の研究をする場合には、私たちが現にもっている偏見から出発せざるをえない。懐疑から出発しようとすることは、真の懐疑ではなく自分を偽っているのであり、そもそも懐疑にはならないのである。デカルトは心のなかでは疑っていないのに、〈方法的懐疑〉だと述べて、疑いを全面に押し出す。しかしパースは、このように疑っていないのに、疑うふりをするような哲学的態度を取るべきではないと主張する。

またデカルトは「私が明晰に確信できるものはすべて真である」という命題を正しさの判定基準としているが、正しさの判定基準は〈私〉に求めており、〈私〉が本当に確信しているもの、確実性の根拠となるものは何か。私たちが真理の根拠になるもののこうした絶対的裁判官を認めることは有害であって、〈私〉が真理を確信し、「私が明晰に確信できるものは真である」という命題は成立しない。それに対して科学でいわれている真理の判定基準は、〈私〉ではなく、科学者の共同体における一致と見ている。真理は科学者の共同体の意見の一致によって、検証されることにより決まる。科学者の仲間の検証を得られないものはすべて検討中のものと見なされる。それゆえ、科学的方法が真理の決め手となる。

これまでの哲学は絶対に説明不可能で、分析不可能な何かを想定する。しかし説明不可能なものが存在するかどうかは推論によってしか知られない。想定の承認不承認は推論の結果が事実を説明するかどうかにかかっている。しかし絶対に説明不可能なものを想定しても事実を少しも説明したことにならない。それゆえ、絶対に説明不可能なものの想定はけっして承認できない。ここからパースは反デカルト主義の命題を導くのである。

それはつぎの四つの命題である。

第一の命題　私たちは内省（introspection）の能力をもたない。内部世界（internal world）についてのすべての知識は外的諸事実（external facts）についての私たちの知識から仮説的に推論されることによって導きだされる。
第二の命題　私たちは直観（intuition）の能力をもたない。すべての認識は以前の認識によって論理的に規定される。
第三の命題　私たちは記号（signs）なしに思考（thinking）する能力をもたない。
第四の命題　私たちは絶対に認識不可能なものを把握する能力をもたない。
この主張は自己意識を第一原理と考えるデカルト主義の哲学に対して徹底的論駁を意図としている。

第一の命題の意味

これは「私たちの心のなかで生じるもの」について述べる命題を「外界で生じるもの」を説明することに必要な仮説として認めることに限定すべきであるということにある。あらゆる命題は論証が可能であるということによって真となる。命題が論証が可能であるためには検証可能な前提が必要である。その前提となるものは、パースに従えば外界の事実からの推論である。パースは、「私たちは知覚の法則を用いて事実の真の姿がいかにあるかを推論によって確かめることができる」と言っている。彼の言っていることはデカルトのように、私たちは意識の内部から意識の存在やその構造を知るのではない。逆に外的諸事実に基づく推論によって意識の存在を疑いえないものにし、その構造を明確に知るのである。したがって、外的諸事実を正確に反映する推論が有意味な命題を導くのであり、意識を説明するとパースは言う。

パースのデカルト批判は、コギト・スムの命題が真の意味で論証されないということにある。デカルトの懐疑は意識内から出発する。しかしこの出発からデカルトの誤りがある。パースは、「私は完全な懐疑から出発することは不可能である」と述べて、私たちは外的諸事実から出発せざるを得ないと主張する。パースのデカルト批判は「懐疑から出発する試みはたんなる自己欺瞞となり、決して真の懐疑とはならない」という点にある。

さらに、パースはデカルトの「明晰・判明」ということを認めない。デカルトはコギト・スムの命題を自然の光に導かれて「明晰・判明」なものとした。しかしこうしたものには、「神がそのようにするとしなければ説明できない多くの事実がある」。言い換えれば、デカルトは推論による検討のテストを受けないものを根にして命題の明晰・判明を確信したのである。こうしたことは根本的にデカルトが内観主義に依っていることからくる。この点にデカルトの誤りがある。

デカルトは近代科学や近代論理学とまったく違った立場に立っているからである。パースはデカルトの形而上学の殻を脱ぎ捨てて真理を探究する方法を求める。その方法は論理学にあり、彼の第一の出発点は論理学を打ち立てることである。「論理学が私たちに教える最初の教訓は私たちの概念を明晰にする方法である」とパースは述べる。この方法はパースのいう科学の方法である。彼は科学の方法による真理の探究が明晰・判明な命題を決定すると主張する。パースの方法は、真理を個人の意識内に求めるのではなく、意識の外部に求めて、万人の批判に耐えるものを目指している。そのために、パースは科学の方法をとるのである。

第二の命題

デカルトは認識の最初の瞬間を想定し、その瞬間は直観によって得られるとした。しかしパースにとって対象を認識する場合には認識の最初の瞬間はない。認識は必ず連続的な過程によって生じる。「私たちはまず認識の一つの過程、それは外的諸事実をつぎつぎに把握する過程からとりかかる」。認識は前提Aから結論Bへ進む正しい推論の過程に他ならない。結論Bは前提Aが真であるとき、いつも真となる推論の過程に他ならない。

このように結論するパースには、探究の方法論を論理学で展開する。それに従えば、認識の成立は推論によっている。推論とは、観察した事実に基づいて命題を決定し、その命題から未知の事実の発見を目指す。この方法がパースのいう推論の指導原理である。「私たちはある前提が与えられると、それに応じて特定の推論をしなければならないようになっている。一つ一つの推論の仕方を個々の命題の形に定式化できる。命題は経験によって決められる推論が妥当であるとき真であり、妥当でないとき、偽である。そのような定式を推論原理と呼ぶ」

ここでパースの推論の指導原理を理解するために、パースの疑いと信念について述べておきたい。

パースにとって、探究とは「疑いが刺激となって信念に到達しようとする努力」ということである。正しい信念形成のために、この推論の指導原理が用いられる。このことを明らかにするために、疑いと信念との区別を見てみるとしよう。まず「疑いの感じ」と「信じるという感じ」との区分がある。「疑いの感じ」は問いを発したいときの状態であり、「信じるという感じ」は判断したいというときの状態である。つぎに信念は願望を導き、行動を実現させる。疑いはそのようなことは決してない。疑いは落ちつきのない満たされない状態であり、それを逃れて、信念のある満足した状態にあろうとしているときである。その意味で、信念は落ち着いた満足した状態、信じているものを頑として信じ切っている状態である。

この違いは行動としてあらわれるかどうかにある。疑いは、疑いがなくなるまで探究を続けるようにしているので行動としてあらわれない。これに対して、信念は疑いがなくなった状態にあるので、行動としてあらわれる。したがって、信念形成にあっては、疑いが刺激となり、信念に達しようとする努力が始まる。その努力は疑いがなくなると終わる。そのとき、信念が確定された状態である。ここで注意しなければならないのは努力の過程が行動というのではない。疑いの状態にある限り、行動は不決断の状態にある。信念に到達したとき、いかに行動すべきかを決断したときであり、そのときに行動があらわれる。推論の指導原理に課せられている目標とは、疑いから信念の確定に、つまり「いかに行動するか」を導くことにある。信念の確定が行動を導くのであり、そのことを通してパースは習慣の確立を目指している。そのために指導原理が用いられているのである。

第三の命題の意味

思考とは何かではなく、私たちは記号なしに思考できるかとパースは問う。私たちの外的諸事実を明晰に捉えようとするなら記号を伴う思考による。それ以外の方法での思考は外的諸事実によって確証されえない。つまり思考は外的諸事実を通してのみ認識されることを意味し、さらに認識される思考は記号を伴うことを意味する。そのことから、パースは「すべての思考は必然的に記号を必要とする」と述べる。これは「思考は直観ではない」「思考は瞬間的に生じるのではない」というパースの反デカルト主義の立場からでてきたものである。

第二の命題でも分かるように、この第三の命題においても連続的な手続きがとられている。どの思考もそれに続く何かの思考をもち、それのどれを取り上げてみても、それに対応する事実をもっている。思考は連続的な系列において、想定されている。パースは思考と記号との関係をつぎのように捉えている。思考の能力は、感覚と注意力（抽象能力）との二つの要素から成り立っている。この関係をもとにして思考と記号との関係は、第一に思考に表示作用を決める。第二に思考を他の思考との関係に持ち込む純粋の指示適用あるいは実在的結合にある。第三に素材的性質に（それはいかに感じるかを示し、思考の性質を決める）決める。それらに対応して記号の関係が考えられている。第一に、記号は記号を解釈する思考との関係をもつ。第二に、記号は思考において記号と等置される対象との関係をもつ。第三に、記号は素材に関して、対象との結合をもつのである。

こうした思考と記号との連関から、パースは思考の機能を信念の形成にあるとみなす。また、信念の本質は習慣の確立にあり、習慣とは行動の規則に他ならないとする。したがって、「行動の習慣を形成することこそ思考の機能のすべてである」ということになる。

パースの通例であるが、パースは「何であるか」という問いは、優先せず、「いかにあるか」が問われている。したがって、習慣を尋ねるとき、「習慣とは何か」とは問わない。私たちは習慣が「どんなときに」、「どのようなしかたで」で行動するかによって、習慣の何かがはじめて答えられるというのである。「どんなときに」関しては、行動への刺激が知覚によって生じるという事実に着目し、「どのようなしかたで」に関しては、行動の目的が感覚しうる結果を生み出すという事実に注目して答えられるというのである。このように、行動にきっかけを与えるのは知覚であり、行動の目的は感覚しうる結果を生み出すことにあるというのである。

まさに思考から行動へのつながりのなかに、私たちは知覚→論理→行動のシェーマを探究しているパースの記号論を見ることができるのである。

パースに従うなら、私たちの認識は記号を伴う思考による推論から導かれる。記号は認識可能な領域でのみ、その機能を果たすことができるというのである。したがって、絶対に認識不可能なものの記号は、パースにはナンセンスである。絶対に認識不可能なものは伝達不可能であるからである。ところで、パースにおいて、認識は「実在と観念との一致」として捉えられている。その場合、彼の認識の対象となっているのは、知覚→論理→行動という連続な過程であって、この過程から離れて、つまりこれらが非連続にあって認識可能な基盤は与えられていない。

第四の命題の意味

知覚→論理→行動の過程は連続的であり、その過程はそれに引き継ぐ行動の過程へと連続的に展開する。その過程のどの瞬間にも認識をもつ。認識は先行の認識から、さらに帰納と仮説によって後行の認識へと推論作用の操作によって連続的に導かれる。このことは、ある認識がそれ以前の一層特殊的で、不明瞭で、無意識的な認識から帰納と仮説によって論理的に導き出されたものであることを意味する。

このことを今度は逆に辿ることによって、先行の認識からさらに先行の認識へとさかのぼっていき、無限にこの系列を辿っていくと、最後には、まったく特殊的で、無意識なもの、つまり観念的な最初なものに達する。この観念的なものは、パースによれば「可能なものが達しえない限界」である。パースに従うなら、認識が成立するのは精神との関係がもつ限りであるが、この「観念的で最初のもの」も精神との関係をもちいる限り成立する。この精神の正しい表示によって表示された実在が実在という。そして精神とは「推論に従って展開していく記号である」。推論の法則は外的諸事実にもとづく推論作用から導かれ、その法則に従って記号は「観念的な最初なもの」と関係をもつ。パースにとってこの「観念的な最初のもの」は外的諸事実との対応をもつのである。

したがって、思考を記号として捉えることがデカルト克服の鍵となる。パースは探究の論理学を打ち立てる手だてとして意識をすべて記号として捉える。そればかりではなく、人間を記号として捉えようとする。それにはパースの「すべての思考が記号であるという命題から、そして人間の生活が思考の連続であるという命題から人間が記号であることが証明できる」という確信がある。

この証明にさきだって、パースは人間と記号との相違をあげる。この相違は、人間という記号(man-sign)と言葉(word)との対比で論じられる。その場合差異性の特性として、(一)記号を構成する素材の性質、(二)記号の指示能力、(三)記号の表示能力があげられる。これら三つの面において、人間という記号の方が言葉よりきわめて複雑であるということが強調されるだけであって、それも程度の差にすぎない。むしろ色々な観点から、「人間が使用する言葉、または記号は人間そのものである」という結論に導かれる。というのも、人間と言葉とを対比させてみたとき、結局「私の言葉の体系は私自身の総体である」としか結論しえないからである。人間の本質は「人間が行動し思考するところの整合性にある。その整合性は事物の知的特性、つまり事物があるものを表示することである」。ここにパースの何故人間を記号として捉えようとしたかについての理由が見られる。

以上のように、パースはデカルト主義批判に立ち、絶対に認識不可能なものを捉えようとするすべての能力を否定しようとした。そしてパースは外的諸事実から推論によってのみ明晰な認識を得るとした。そのためにパースは探究の論理学を打ち立てたのであり、その論理学の導きによって、信念の形成にもたらそうとして、行動の規則をつくりあげ、未来に対しての合目的な行動を自己制御にもたらした。デカルト主義のうちには、「神がそうしたのである」と言わなければ説明できない多くの事柄が存在しているのである。そしてデカルト主義を排除して彼の哲学が出発したのである。

反デカルト主義の哲学

パースは科学の方法をとるにあたり、このように反デカルト主義の立場をとり、徹底した外的諸事実から推論による認識の仕方を説く。私たちはこの方法をパースの基本的構想として受け入れ、これからパースの哲学の根を捉えようと思う。パースの哲学において、認識は「実在と観念との一致」として捉えられている。その場合認識は知覚、論理、行動という過程からであり、この過程から離れて認識できない。この過程は連続的であり、どの瞬間においても認識をもつ。言い換えれば、認識は先行の認識から、さらに後行の認識へと推論作用によって連続的に導き出される。この操作を逆に辿ることによって、先行の認識から、さらに先行の認識へとさかのぼることができる。そしてこの系列を辿っていくと、最後にはまったく特殊的で、まったく無意識的な観念的な最初のものに到達する（5.313）。

「観念的な最初のもの」とは、「特殊な物自体である」といって、パースはこの「観念的な最初のもの」がそれ自体で存在することを否定する。認識が成り立つのは、常に精神との関係をもちうる限りである。精神の正しい表示によって表示された実在が実在である。精神とは「推論の法則にしたがって展開していく記号である」（5.313）。したがって、推論の法則は外的諸事実にもとづき推論作用から導かれ、その法則に従って記号は「観念的な最初のもの」との関係をもつと言える。パースにとって、この「観念的な最初のもの」は外的諸事実との対応をもつのである。しかしこの関係はもう外的諸事実と述べているたんなる外的諸事実を指しているのではない。この背後にパースの実在に関する見解があることを見逃すことができない。

ファイブルマンは、「パースの語る実在とは、プラトン的イデア界において存在するものであり、現実の世界は純粋なものであっても、それは観念界の断片にすぎない」（K. Feibleman, An introduction to Peirces philosophy, 196 p, 1956）と述べている。外的なものとは、究極的にこの実在からくるのではないか。記号が精神に伝えるものは永遠の真理ではないか、と考えさせられる。パースは「連続性の論理」において、「宇宙は、……イデアの世界、プラトン的世界から一つの流れである」と述べる。そうだとすれば、「外的なもの」とは、もはや知覚が伝えるものを意味しない。論理の手続きから普遍性を求める論理的実在論とプラトン的なイデアの想定である観念論とはパースにおいて結びついている。パースのデカルト批判は実はプラトン的観念界を求める形而上学に由来している。

ここにパースが彼の哲学の根底に数学および論理学の普遍性を持ち込んでいるのを理解できるし、推論の指導原理を打ち立てることも探究の論理学を打ち立てることも、さらに諸法則を求めることも究極の最終目的であり、プラトン的実在論の擁護者として、パースは自らの立場をこの観念論に基礎づけたのである。ここから彼の実在論の立場がでてきているようである。

実在論の主張

彼の一八六八年の論文「四つの不能力に関するいくつかの帰結」「人間に要求されたある能力についての問題」において彼は反デカルト主義の立場から出発し、彼の哲学の出発点とした。そのさい、彼が自分の立場を明確にしようとして「知覚――論理――行動」というシェーマを追っていたが、そのときに実在という問題に突き当たってしまった。

彼は、「実在物が存在する。実在の事物の性質はそれらについての私たちの見解に全く依存しない。実在物は規則正しい法則に従って、私たちの感覚に作用する。私たちの感覚は私たちのと対象の関係の応じ方によって違うが、知覚の法則を利用して、事物の真実の在り方を合理的思惟によって確かめることができる」(5.384) という。「すべての真なる命題が言明する事態は、それについてあなたや私の考え方に全く依存せず在るがままに存るという意味において、実在する」(5.432)。つまり実在とは私たちがその真実の在り方をそれが在る通りに認識しなければならないように私たちに対して外から強制的に作用するもののことを言う。

言い換えれば、実在は探究の共同体における究極な意見の一致によって表明される対象である。この探究者の意見は言語によってのみ達成されるのであるから、実在は記号を通してその真実の姿を現し、最高度の実在は記号によってのみ到達されると言うのである。

スコラ的実在論

パースの実在論はたんなる素朴実在論ではなく、スコラ的実在論であるとされている。いわゆる中世スコラ哲学において「普遍者論争」が知られているが、唯名論と実在論の「法則または一般的タイプは精神による虚構であるかあるいは実在するものであるか」を巡る論争である。パースはこの普遍者論争の争点は、強調されるべき科学的形而上学であると考える (4.50)。パースは実在論の立場、つまり普遍者、法則性、一般性のスコラ的実在論の立場に立っているのである。パースに従えば、実在とは普遍者として、法則として一般的様式で存在するものを言う。パースにとって、スコラ的実在論こそ現代科学に最もふさわしい科学的形而上学であると考える (1.6)。

何故なら、科学者たちは個々のサンプルを取り扱い個々の実験を行うけれども、彼らが求めているのは、個々の事例を支配している法則であり、一般原理であるからである。つまり科学は究極には一般者の探究であるからである。

パースは「実在は……特殊の様式である」と言う。その場合実在はどんな様式であろうか。パースが実在を特殊な様式とみなすのは、普遍者、法則、一般原理として存在するものを意味しているからである。言い換えれば、実在は法則的一般的な様式で存在するものと言える。それゆえ、普遍者、法則、一般原理としての実在は記号の性格をもつと言える。つまり私たちは科学的合理的思惟によって真の法則性を認識できるのである。このようにしてパースは実在を記号として捉え、したがって実在を法則として捉えるのである。パースの実在論は私たちの科学的合理性思惟によって捉える一般命題であり、それは科学者の共同体における究極の意見の一致に表明されるものであり、私たちの主観的意見に左右されない客観的なものである。それゆえ、実在は記号であるということができる。

記号論

彼の実在論は彼の記号論に支えられている。彼の記号論に従えば、私たちの意識のあらゆる形態は記号の媒介によって生じ、あるいは記号過程として存在すると言うことができる。「すべての思想は記号のうちにある」「すべての思想は記号である」「人間が使用するコトバまたは記号はその人間そのものである」「人間は記号である」ということができる。このことから「すべての思想は記号であるという事実と人間の生活は思想の連続であるという事実から、それゆえに人間は記号であるということが証明できる」(5.314)。パースにとって、コトバと記号とは一体であり、したがって「私の言語は私自身の総和である」(5.313)

パースによると、記号過程は三つの要因からなる。(一) 記号として働く何かある性質をもったものがあり、(二) その記号が表示する対象があり、(三) 記号とその対象を関係づける解釈思想がある。記号過程が成立するためにはこれらの要素は不可欠であり、その要素を欠いても記号過程は成立しない。言い換えれば、記号として働く性質も、その記号の対象も、その記号の解釈思想もどれもが三位一体的な記号過程である。そして私たちは記号を表示する対象しか知らない。私たちはそれらが記号の対象となる限り、あるいはそれらが記号のうちにその姿を現す限りのことしか知らない。

パースが直観の能力を否定するという反デカルト主義の立場から打ち立てた命題は、人間が記号であるという命題である。このことから「人間と記号とは一体である」「コトバと実在との同一性」は帰結するのである。この論法でもって、「宇宙は一つの発展しつつある記号であり、人間の理想的な共同体は記号の世界を映し出す究極の記号となる」ということである。この記号論が彼の哲学を支えている。

パースは「人間の意識のどの要素をとって見てもそれに対応するものがコトバのなかに見出せる」として、一切の意識の現象は記号の現象であることを主張する。このようにして、パースは意識の現象を探るのである。

現象学　パースは「現象」(phenomenon)、「現象学」(phenomenology) という用語のほか、「顕現」(phaneron)、「顕現学」(phaneroscopy) という造語を使っている。「現象」(phenomenon) (appearance) と「実体」(noumenon) が「実在」(reality) の反対概念として用いられているのに対して「顕現」はそのような対立概念を意味しない。パースには「顕現」とは「実在に対応するか否かに関係なく、どんな仕方においてであれ、あるいはどんな意味においてであれ、心にあらわれる一切のものの総合的全体」(1.284) を意味する。

現象学の仕事は、「カテゴリーのカタログを作成し、そのカタログが十分で余計なものがないことを立証するものであり、それぞれのカテゴリーの特性を発見し、それぞれのカテゴリー相互の関係を明らかにすることである」(5.43)。そしてそのカテゴリーとして、パースは「第一次性」、「第二次性」、「第三次性」のカテゴリーを導き出している。この三つのカテゴリーが存在一般の基本的様式にあげるものであり、これがパースの現象学の課題となるものである。

「第一次性とは、ものが積極的に、しかも他のいかなるものとも関係なしに、そのものであるようなものの在り方である。

第二次性とは、ものが第二のものと関係し、だが第三のものは考慮せずにそのものであるような在り方である。

第三次性とは、第二のものと第三のものを互いに関係づけることによって、そのものであるようなものの在り方である」(8.328)

第一次性

第一次性は「現実的事実と考えられたものではなく、たんに一つの性質、現象のたんなる積極的な可能性として考えられた多様体によってできている分析されえない全体的印象」(8.329) として特徴づけられる。第一次性は、性質的なものと直接的なものである。パースにとって、第一次性とは、「性質それ自体は世界のモナド的要素であり」(1.426)、「性質それ自体は主観的なものでも客観的なものでもない」(同)、また「あなたの素晴らしい緋色の服はそれ自体の性質であり、知覚されているとか記憶されているものから独立しているもの」(8.329) であり、「正確な数学的証明を観照するさいの情緒の性質、愛情の性質」(1.304) であり、「曖昧で、対象化されず、ましてや主観化されることのない、赤の感覚、あるいは塩辛い味の感覚、あるいは痛みの感覚、あるいは喜びや悲しみの感覚」(1.531) などがあげられる。

パースはこれらの無数の性質に注意を向けて、それらをすべて〈第一次性〉と分けた。多くの伝統的哲学において、性質あるいは何かについての〈何性〉は基礎的認識の単位として、認識の第一次的対象と考えられている。しかしパースは性質ということで、性質以前のものを意味したのであり、それは感じられたりあるいは抱かれたりするものである。この〈……の認識〉は性質についての現実的性質あるいは直接的経験と混同されてはならない。恐怖の性質とか、リア王の性質のように、独特で広くゆきわたっているが、言語では表現され難い性質がある。そのように性質の多様性についてのパースの研究と第一次性がすべての経験の一様相であるという彼の主張は、西欧哲学の伝統において無視されてきた経験の特性に適切な理由づけを与える企てとみなすことができる。

パースは西欧哲学の〈知性主義的〉気風に反抗した一九世紀後半と二〇世紀初頭の多くの哲学者たち、たとえばジェームズ、デューイ、ホワイトヘッドを含めた多くの哲学者のなかに入れられる。これらの哲学者はみな経験の具体性と性質の直接性を強調した。しかしパースは性質の直接性を意識することが実在それ自体の直接的で直観的に間違い得ない認識であるとは主張しなかった。

第一次性は外からの強制もなく、法則に縛られることもなく自由で自発的な限りない多様性としてのものの在り方である。第一次性は質的可能性または潜在性としての世界の原初的な在り方である。「アダムが初めて目を開いて見た世界、それは第一次的で、在るもので、直接的で、新鮮で、新しく、創始的で、オリジナルで、自発的で、自由で、生き生きしていて、気づき易く、すぐに消えてしまうものである。ただその世界を記述しようとすると、それに背くことになることを忘れて

はならない」(1.357)
第一次性は記述することができない。第一次性は決して表に現れない無言なるたんなる可能性である。第一次性はいかなる分析も解釈も加えられない未分化の無秩序の無統制の多様性である。いうならば、第一次性は感覚的経験によっても理性的認識によっても捉えることのできないものの在り方である。その点に第一次性の固有の存在様式がある。それゆえ、第一次的な在り方はただ適当な抽象化によってその在り方を知るだけであって、具体的に記述し説明することはできないのである。

第二次性

第一次性は自由に無限定的に多様に自らを現す質的可能性の在り方である。このような質的可能性からあらゆる分化、対立、特殊化、主客の二元的世界が生じ、それがさらに習慣、秩序、一般性、法則性へと発展していく段階的な体系を含んでいる。この体系の第二段階に位置づけられるのが第二次性と呼ばれる現象のカテゴリーである。

まず現象の第二次性の存在様式を示す概念をあげてみよう。パースに従えば、第二次性を表す典型的な概念は、「強制」、「闘争」、「ショック」、「力」、「衝突」、「抵抗」、「作用と反作用」、「刺激と反応」、「事実」、「経験」、「インデックス」などがある。それらは可能性とか潜在性とか性質ではなく、はっきりとした事実であり、現実性であり、生の力の概念である。

私たちは想像の世界と事実の世界の二つの世界に生きている。想像の世界は私たちで生み出すことのできる世界である。しかし事実の世界は私たちの自由にならない強制的な世界である。「私たちは絶えず堅い事実に突き当たっている。私たちはある一つのことを期待して、あるいはそれを当然のこととして受動的に受け取り、そのもののイメージを心のうちにもっていたのであるが、経験はその観念を背後に押しのけて、私たちに全く違うふうに考えるように強制する。あなたは自分の肩で戸を押し開けようと努めてみればある程度純粋に近い仕方でこの種の意識を体験する。あなたはある種の抵抗を感じ、同時に努力の感じを有するはずである。努力なしに抵抗はなく、抵抗なしに努力はない。努力と抵抗は同じ経験を説明する二つの仕方にすぎない。それは二重意識である。私たちは非我（non-ego）を知って私たち自身を知る。目覚めている状態は反応の意識であり、意識それ自体は二面的であり、それは二つの様相をもっている。……多、無または〈非〉という観念は思想の最も重要なものとなる。この要素に私は第二次性と名を与える」（1.324）

第一次性がほかのものと関係せず、それ自体であるような質的可能性であるものの在り方であるのに対して、第二次性は、作用と反作用、行動と知覚、他者の概念などにおける二者関係である。第一次性は第三のものとは全く関係なく、純粋に二極的関係であるようなものの在り方である。たとえば、予告なしに起こる停電に仕事を中断されたり、強盗の威嚇に震えたり、雑踏のなかで押し倒されたり、私たちが日常絶えず体験するような強制的出来事に、パースは現象の第二次性的な在り方を見出す。第二次性とは、現実性、事実性、個体性、単一性であり、理性を伴わない盲目的力動性の在り方を意味する。

第三次性

第三次性はきわめて錯綜しており、しかも理解し難い。習慣、法則、意図、概念、記号、意味、行為はすべて第三のものとして分類されている。三項関係について、パースが好んで引き合いに出す例は〈与える〉ということである。〈与える〉という関係も〈与える人〉と〈受け取る人〉と〈与えられる〉の三つの項を含んでいる。このように〈与える人〉と〈受け取る人〉との関係は〈与えられる〉ものという媒介、または中間性の概念が含まれている。パースはこのような媒介、中間性を第三次性と呼ぶ。第三次性は第二のものと第三のものを互いに関係づけることによって、そのものであるものの在り方である（8.328）というように媒介、中間性を有している。

第三次性とは二つのものの間の媒介性または中間性を意味するので、第三次性は何よりも記号の表示作用に特色を示す。記号の表示作用は記号と対象を関係づける媒介作用そのものである。第三次性と表示作用とをこのように同じものとして取り扱っているから、つぎのような関係をもつ。第三次性とは普遍性、一般性、法則性の在り方を言うが、普遍性、一般性、法則性は記号の性格を有するので、第三次性と記号の表示作用は同じである。第一次性はたんなる性質、潜在性、可能性としてのものの在り方であり、第二次性は現実的個体的事実の在り方であるのに対して、第三次性は普遍的一般的法則的なものの在り方を言う。第一次性は性質、第二次性は事実、第三次性は法則である。

パースが第三次性の特性としてあげているのが、(一)記号性、(二)思想性、(三)法則性、(四)一般性、(五)連続性、(六)習慣的性格、(七)条件的性格、(八)統合性などである。それらのなかで、「習慣」が最も代表的な概念の一つである。自然の諸法則、心理学的諸法則、論理的諸規則など広義の習慣の概念に含まれる。習慣は一般性の性格をもつと同時に法則性を前提としているのである。

パースの現象学は全体として曖昧ではあるが、以上の三つのカテゴリーに分けて考察したのであった。こうした区分には西欧哲学をやってきた者には、大変によそよそしいものであり、なじめないものであった。ましてパースになじまない日本人には理解し難いものであった。しかし彼の現象学は重要であり、彼の論理学や記号論を理解するうえで欠かせないものである。

記号分析の方法

パースの記号過程の部類は彼の現象学的カテゴリーに従ってなされる。「現象とは、どんな仕方においてであれ日常いつでも誰の心にも現れるのであり、私たちの心に現れるものはすべて記号である。現象とは記号現象にほかならない。それゆえ、現象学的カテゴリーは記号過程についてもあてはまる」(1.284-6、まとめ)。つまり現象学的カテゴリーは記号分析の基本となるものである。

パースの現象学的カテゴリーは三つあった。第一次性、第二次性、第三次性である。第一次性は「そのものが積極的にどんなものとも関係なく、そのものであるようなものの在り方である」。パースはその在り方を「質的可能性」、あるいはたんに「性質」と呼ぶ。第二次性は「そのものが第二のものと関係し、だが第三のものとは考慮せず、そのものであるようなものの在り方である」。つまり個体的事実の在り方である。第三次性は第一のものと第二のものを結合し、真正の三項関係を構成する第三のものの在り方を言う。一般的なものの在り方、または思想、解釈内容、習慣などが第三次性なのである。

それゆえ、記号過程が第三次性である。記号過程は記号（第一のもの）、記号の対象（第二のもの）、記号と記号対象を関係づける解釈内容（第三のもの）からなっている。分析のために、記号過程をパースのカテゴリー概念に従って三つに分ける。(一)記号過程の第一次的な面、第一次性はそれ自体におけるものの在り方であるから、記号過程の第一次的な面は記号それ自体におけるものの在り方である。(二)記号過程の第二次的な面、第二次性は第二のものとの関係における在り方であるから、記号過程の第二次性的な面は記号と対象との関係、あるいはその関係における記号の在り方である。(三)記号過程の第三次性の面、第三次性は第三のものの在り方を意する。それゆえ、記号過程の第三次性な面は記号とその解釈内容との関係、あるいはその解釈内容の関係における記号の在り方である。

このように記号過程を三つの面に分けると記号過程を分析するための基本的な在り方が定まる。(一)記号を対象および解釈内容から区別し、記号それ自体の在り方を分析することができる。(二)記号と対象との関係を分析し分類することができる。(三)記号の在り方を解釈内容から分析し考察することができる。そこで(一)に従ってつぎの分析が可能である。

性質記号、個物記号、法則記号　第一の三分法、それは性質記号、個物記号、法則記号である。(一)第一次性のたんなる性質あるいは質的可能性としてあるような記号それ自体を性質記号と呼ぶ。しかし「性質」は無規定なたんなる可能性または潜在性として存在するのであるから、性質記号は「ある限定的な形に具象化されるまでは実際に記号として作用することはできない」(2.244)。それゆえ、性質記号は具体的に例示できないたんなる質的可能性、潜在性である。(二)記号それ自体の第二次性の在り方は記号が個体的事実として在る場合である。そのような記号の在り方を個物記号と呼ぶ。記号である個物は個物記号である。(三)記号それ自体の第三次性的な在り方は記号が法則として、一般的タイプとして存在する場合であり、その場合記号物の在り方を法則記号と呼ぶ。たとえば、私がいま書いている記号という文字の一つ一つは個物記号であるが、私の観念にはその文字の原型あるいは一般的タイプがあって、私の書く文字はその原型あるいは一般的タイプのレプリカと考えることができる。法則記号とは私たちの観念のなかに存在する一般的タイプである。

イコン的記号、インデックス的記号、シンボル的記号　第二の三分法、それはイコン的記号、インデックス的記号、シンボル的記号である。(一)記号と対象との第一次性的関係は「ある性質における単なる共通性」に基づく関係である。そして記号が第一次性的で対象を表示するとき、その記号をイコン的記号と呼ぶ。イコン的記号は記号の性質が対象の性質とある面で類似し、その類似性に基づいて対象の記号を言う。たとえば、ある写真はある人のイコン的記号である。(二)記号と対象との第二次性的関係は「事実上の対応関係、現実的単一的関係を意味する。そして記号が第二次性的に対象を表示する場合、記号はインデックス的記号と呼ぶ。たとえば、私が今見ている恋人の顔の表情は恋人の不安な気持ちを表すインデックス的記号である。その不安がなくなると直ちに消えるのである。(三)記号と対象の第三次性的関係は「ある法則、普通は一般観念の連合」によって成立する関係である。記号が第三次性的に対象を表示するとき、記号はシンボル的記号と呼ぶ。シンボル的記号は一般観念または解釈思想によって、対象を表示するものを言う。言語記号（一般概念を表示する言葉）はシンボル的記号である。

名辞、命題、論証

第三の三分法、それは名辞、命題、論証である。(一)記号の第一次性的主張は名辞と呼ばれる。第一次性が無限定の質的可能性を意味するように、第一次性的主張の名辞は無限定のたんなる可能的主張である。名辞はそれ自体で何もはっきりと主張せず、命題および論証において初めて実際に言明の役割を果たすのである。それは論理学ではϕ(x)と記号される、命題関数的性格のものである。(二)記号の第二次性的主張は命題と呼ばれる。第二次性は第二のものと関係し、第三のものは考慮せず、そのものであるようなものの在り方を意味する。そこでは第二次性的主張である命題は事実について主張するが、その理由は示さない。たとえば、「人間は死ぬ」という命題において、それがなぜ真であるかを証明しない。(三)記号の第三次性的主張は論証である。第三次性が法則の概念であるように、第三次性的主張である論証は「ある法則、つまりかくかくの前提からしかじかの結論への移行はつねに真理に到達するという法則を通して」、対象および解釈内容を決定する主張をする記号である(2.263)。つまり論証は対象について主張すると同時にその主張の根拠または前提を示すのである。

このようにパースは彼の三分法のカテゴリーに従って三つの三分法、合わせて九の記号を分類している。それはパースの記号分析において重要である。特に最後の論証の場合は重要である。

論証の三分法

論証は第三次性的主張であり、パースのカテゴリーによると論証は三つの種類に分類することができる。つまり、パースの三分法のカテゴリーから演繹（deduction）、帰納（induction）、アブダクション（abduction）の三分法が導き出される。「論証は解釈内容にとって、ある法則記号であるような記号である」（2.252）。「論証は解釈内容がある法則をとおして、つまりかくかくの前提からしかじかの結論への移行はつねに真理に到達するという法則をとおして、対象を未来指示記号として表示する記号である」（2.263）。「論証の解釈内容は、その論証を諸論証の一般的クラスの一例として表示するが、クラスは全体としてつねに真理に到達する。この法則は論証が要請する」（2.253）

　論証は第三次性的主張であり、第三次性は一般性、法則性の概念であるので、カテゴリーで言うと論証は一般性、法則性を表示する記号である。では論証は一般性、法則性をどのように表示するのであろうか。たとえば、「雪が降ったか雨が降ったかである。しかし雪が降った形跡はない。そうだとすれば、雨が降ったのである」。これは選言的三段論法の一例である。これは論理学では、$p \vee q$、$-p$　$\therefore q$、または〔$p \vee q$、$-p$〕$\supset q$ と書き表される。この形式に従う論証はつねに真である。しかし論証は一般クラスの一例として表示するとき、一般的クラスとは何を示すか。たとえば選言的三段論法は選言的三段論法と呼ばれる論証の一般クラスの一例を表示しているのか。それともさらに広い演繹の論証の一般的クラスの一例を表示しているのか。

「論証はつねに解釈内容によって同類の論証の一般的クラスに属すると理解されるが、そのクラスは全体として真理に至る傾向を有する。こうした解釈は三つの仕方で起こる。そこではすべての論証を演繹、帰納、アブダクションに分類する三分法がえられる」(2.266)。ここから彼の言っている論証の一般的クラスは演繹、帰納、アブダクションのクラスを言っている。前提命題と結論命題に至る一定の移行過程が論証である。論証は一つの思想過程または記号過程であり、その思想過程または記号過程における移行をある一般的法則に従うものとして、その法則的移行過程を記号の解釈者のうちに引き起こすように、解釈者に対して解釈者自身の自己統制を通して働きかけようとする形式をもった記号である。

演繹、帰納、アブダクション　ここでパースの論証に見られる演繹、帰納、アブダクションを辿るとしよう。彼の演繹、帰納であるが、おおむね伝統的に同意しており、伝統的に従っている。したがって、彼の展開はアブダクションに対してその創意が見られる。彼の思想の哲学に対する最大の評価の一つは「発見の論理」であり、それがさまざまな人によって評価を受けた。それはカール＝ポパーやノーウッド＝ハンソンによって受けた評価である。

それはパースが「発見の論理」を彼の論理学に新たに加えて、その論証過程を論じたことにある。彼は演繹は本質的に分析にあり、それを用いても新しい認識は得られないとする。この新しい認識、新しい情報は帰納とアブダクションによって得られる。この帰納とアブダションの二つの総合的推論間の相違を示そうとするが、パース自身でも二つの推論の間にはなかなかその違いを示すことができないほど難しい。

両者は互いに似ていて、帰納は一種のアブダクションとなることが強く、どの形の総合的認識は、知覚も帰納も発明創意工夫も、アブダクションであるということができる。ここにパースが曖昧であるとか、難解であるとされる面がでている。しかしここで帰納とアブダクションとの違いを強調し、その違いを見てみよう。

パースは帰納とアブダクションを区別する理由をあげている。(一)帰納はアブダクションよりも遥かに強い形の推論である。というのは、アブダクションは間違う可能性があるのに対して、帰納は完全に間違うのは困難であるからである。(二)帰納は、観察された事実から同じ種類の要請された事実を導くのであるが、アブダクションは全く違った事実、多様な事実を統一する一つの事実を示している。たとえば、ナポレオンが実在したことはアブダクションである。

パースは、伝統的理解によれば、帰納はそういった飛躍はしないで、比率で満足すると言う。(三)両者間には、〈生理的〉な差異がある。帰納は法則や習慣を生み出すのに対して、アブダクションは解放の感覚を伴う心の統一を生み出して、〈習慣〉というよりも思考の〈感覚的〉要素である。(四)帰納とアブダクションを区別するためには、科学の分類が便利である。〈分類的〉科学は帰納的であり、〈理論的〉科学はアブダクション的である（以上2.641–2.644）。

パースは以上のように区別するのであるが、帰納とアブダクションとの類似性は否めない。したがって、あらゆる帰納はアブダクションを含むというべきである。つまり帰納はアブダクションの一つの形とみたほうが適切であるようである。パースは5.171で、「アブダクションは説明的仮説を形成する過程である。それは新しい観念を導く唯一の論理的操作である。何故なら、帰納は一つの値を決めるだけであり、また演繹は全くの仮説の当然の帰結を生むだけであるからである」と述べている。アブダクションは新しい観念を導く唯一の論理的操作であるなら、アブダクションのみが真に総合的な判断ということになる。

帰納では、「私たちは真である多くの場合から一般化し、一つのクラス全体について同じことが真であると推論する。……ある状況が一般的規則の一つの場合であると想定することで説明され、そのうえで私たちはその想定を採用する」。「一般的」という言葉は確かに帰納とアブダクションの文章にも用いられる。パースは普通「一般的」という言葉を一つのサンプルから同種のすべての現象へ一般化する場合に帰納を指すために用いている（2.714）。この狭い意味での一般化でも仮説設定の一つである。

パースは帰納が仮説設定の役割を果たすことを主張している。「帰納は論証の一種であり、第一に先行のアブダクションから導かれる仮説から始まり、第二に想定される実験結果に対する事実上の予測から始まり、第三に実験を行い、予測が検証される基準として、仮説が真であると結論する」(2.96、5.145)。要約すると、「帰納とアブダクションは独立していない。帰納の結論とアブダクションの結論、つまり仮説の結論は同一である。如何なる総合的想定も、アブダクションの結果である」ということになる(バックラー『チャールズ・パースの経験論』、p 134)。

ここにパースの科学に寄せた期待が大きかったと言わなければならない。私たちは論理としてその構造から見れば帰納もアブダクションも変わらないと言えよう。しかしアブダクションの創造的な面を重視して、創造的想像によって生まれる新しい観念を重要視した推論がアブダクションである。このアブダクションの創意こそパース哲学の新しい側面である。この問題に対するパースの哲学の功績は、問題を含む状況に何か創造的な面があり、そこに可能性が開ける仮説がでてくるということであり、その意味ではその問題状況はつねに創造的解決が求められる場があることである。その場に働くのがアブダクション的推論ということである。

帰納の問題

ここで帰納の問題を考えてみるとしよう。私たちがトランプのカードが一杯ある部屋に入ったとしよう。どこかしこもトランプのカードで一杯で、それを引くとこれまでどのカードがハートのエースであったか、今度引くカードは何であるかと考える。いままで引いたカードはハートのエースであり、恐らくハートのエースであろうと考える。しかし今度引くカードは前のカードと関係がない。つぎに引くカードは以前に引いたカードとの間には必然的関係はないし、蓋然的関係がない。それは全く新しい事象である。それにもかかわらずつぎのカードはハートのエースであろうと期待する。なぜそう期待するのか。これはヒュームに従えば、私たちがたんにハートのエースが現れると期待する習慣をつくってしまったからである。

ヒュームによれば、このカードの問題と同じに、いわゆる「自然法則」についての私たちの知識は同じ論理構造をもっている。たとえば、何千回、何万回太陽が昇るのを見てきた。しかし明日太陽が昇る確率について私たちは何を知ることができるであろうか。明日は新しい日である。太陽が何千回、何万回昇ったとしても、明日は全く新しい事象で、過去の事象とは何の関係もない。つまり彼に従えば、「自然の法則」についての知識は厳密に言えば、予知には全く役に立たないのである。

「帰納の問題」は厳密な意味ではアポステリオリで、帰納に関するものである。これに関して数学で扱われるような帰納、アプリオリの帰納は全く問題はない。それは科学であり、幾何学や代数学のように演繹科学と同様に厳密である。たとえば、数学的に言えば、ランダムに一枚のカードをトランプの束から引く確率で、ハートを引く確率は四分の一である。しかしヒュームの分析から分かるように、トランプのカードでこの自然の法則が適用されるかどうかは分からない。またこの確率が四分の一というのは、自然法則を習慣形成にしたように解釈されない。どうやら、ヒュームは私たちをまどわしてきた。帰納的推論とは違った推論を考えなければならない。

アブダクションの問題

パースは帰納の問題とは違ったアブダクション的な方法があることを言うのである。私たちは、帰納的推論の例として、日の出の問題やトランプのカードの例を見てきた。そしてそれらを自然法則としてはただたんに習慣形成の問題として捉えたり、確率の問題として捉えてきた。しかし人が自然の働きの背後に何か原理みたいなものを把握するとき、人はたんに規則性が連続していることに感銘をしているだけではないし、その連続性を慣習として形成しているだけでもない。まさに人は洞察をもち、原理を見出して、相互関係を把握している。こうした私たちの心の営みが問題なのである。このように科学的発見はたんなる帰納には満足せず、物事を首尾一貫して法則や原理を見る、つまり仮説をも見ようとする。この点において、帰納とアブダクションは決定的に違うのである。

パースのアブダクションの意味をはっきりとさせている点をあげるなら、(一)アブダクションは〈閃光のように生じる〉(5.181)。アブダクションは〈間違いを犯しやすい洞察ではあるが、洞察の行動である〉。アブダクションを構成するすべての要素がアブダクションが生じるまえに心に存在するが、観念の新しい組み合わせ、あるいはその関係が、アブダクションにおいて新しいものである。問題をかなり長い間にらんでいると、瞬間的な〈洞察〉によって全体として心に浮かんでくる。

(二)アブダクションは心の創造的飛躍と考えられるが、その飛躍が以前誰によってもなされていない。確かに新しい理論的発見はアブダクションではあるが、ある人が他人に何かを説明するさいに、尋ねられた人が説明を聞いた後で、〈分かった〉と叫ぶ状況を捉えている。つまり〈気づく〉とき、アブダクションをしている。アブダクションは心が事物をある方向で見る結果、事物がおのずから結びあって、心が調和と統一の感覚をもつことが伴う。

プラグマティズムとアブダクションの問題

プラグマティズムの問題を考えるまえに、アブダクションの問題を考えてみたい。彼の主要な業績の一つにプラグマティズムがあるが、アブダクションの論理を追っていくとどうしてもプラグマティズムの問題につきあたってしまう。「プラグマティズムの問題を注意深く考えれば、それがアブダクションの論理に他ならないことに気づくであろう。プラグマティズムは格率を提案する。その格率が正しければ、仮説として位置づけるための仮説の容認性に関して、それ以上の規則を必要でなくするに違いない。さらに言えばすくなくとも論理に分野が限定される限り、これこそプラグマティズムの格率の真の狙いである」(5.196)。つまり「プラグマティズムの問いとはアブダクションについての問い」(5.197)である。

それではアブダクションについての問いとは具体的にどういった問題なのか。ここでアブダクションについては一般につぎのような形式を取ると想定することができる。

(一)驚くべき事実Cが観察されている。(二)しかしもしもAが真であるなら、Cであるのは当然の事柄であろう。(三)それゆえ、Aは真ではないかと考える理由がある。
これを形式化すると、C、A⊃C、∴Aという形に表される。

アブダクションが推論形式としてこの形式をもつなら、観察事実Cを論理的に含意するような仮説Aは無数に存在するだろう。それゆえ、論理的形式から見れば、無数に存在すると思えるものから科学的知識がある体系的秩序をもって形成され、その体系がますます大規模なものへと統合されることによって、さらにまた新たな発見の基礎となってきたという科学史上の事実は驚くべき事実である。それゆえ、この事実はアブダクションの論理について解明されなければならない。

ところで歴史的にアブダクションの形成の記録を辿っていくと、論理では解明されないもの、つまりある本能的な自然の光とも呼ぶ洞察が働いている。これは論理上何かわけの分からないもの、説明不可能なものがある。しかしアブダクションについてこのように、説明不可能なものがあって、〈それが合理的であるとは思えない〉と言えるのである。つまりアブダクションにおいて、論証的推論関係以外の要素が明晰ではない仕方で了解されている。この何か説明不可能なものが事実であって、この事実に基づいてそれをアブダクションとして構成したものが科学の論理である。

したがって、アブダクションはその意味において、従来の論理として考えていた演繹法、帰納法という枠組みではなしに、アブダクション法という新たな論理をつけ加えたと言える。一見アブダクションは帰納的推論と間違われやすい。事実パースもそれとの混同もしているようであるが、ここで改めてアブダクションの科学の方法として取り上げたい。つまりアブダクションは仮説構成として働くものであり、アブダクションなしには科学的発見は考えられないのである。その意味においてアブダクションはプラグマティズムの論理に他ならないと言える。

プラグマティズムの出発　パースが最初にプラグマティズムを発表したのは、一八七七年から七八年の「ポピュラー・サイエンス・マンスリー」に掲載された六編の論文から成る「科学の論理の解明」であった。彼はそこで「意味に関する理論」と「探究の理論」を提言している。それは人間認識を明晰にするためには、認識内容を実際的効果と結びつけて解釈しなければならないという意味に関する理論と探究はそのような行為が可能となるために、信念の確定化に必要な努力であるという探究の理論である。

私たちが見てきたように、パースの出発点は反デカルト主義にあった。デカルト的な直観の認識を批判し、人間の記号性からカテゴリーを導き出して第一次性、第二次性、第三次性として論じた。一般的にプラグマティストとして、パースが見られるのは、「科学の論理の解明」の論文において触れている。実際にプラグマティズムを初めて個人的に発表したのは、ハーバード大学であって、「形而上学クラブ」において口頭で発表したのであった。彼は懐疑と信念という概念に基づいて探究についての理論を展開するとともに、この探究の理論より帰結する認識を明晰にする意味の理論を発表したのであった。

しかし「ポピュラー・サイエンス・マンスリー」に発表した後およそ二十年間はプラグマティズム理論そのものは問題になることがなかった。ウィリアム＝ジェームズが一八九八年に「哲学の概念と実際的帰結」と題する講演をカルフォルニア大学で行った。そのとき、友人のパースの哲学に触れ、「プラグマティズム」を提唱して、プラグマティズムが広く議論されるようになった。それ以降プラグマティズムが論じられることとなった。シラーは「公準としての公理」で自分の考えを「プラグマティズム」と呼んだ。一九〇二年にはパースはボールドウィンの「哲学心理学辞典」で「プラグマティズム」の項を担当した。そして彼は一九〇三年にはハーバード大学でプラグマティズムに関する講演をした。一九〇五年から〇六年にかけて、彼は「プラグマティズムとは何か」「プラグマティシズムの論点」「プラグマティシズムの弁明へのプロレゴメナ」と三論文を発表した。その他一九〇五年から〇七年にかけて書かれたが未発表に終わった。その論文は「プラグマティシズムと批判的常識論」「批判的常識論の帰結」「プラグマティシズムの概観」などとして『パース全集』に収録されている。

以上のように、パースはプラグマティズムを論ずる機会が初期と後期との二度にわたってあった。パースがプラグマティズムを後期になってプラグマティシズムと呼び変えたのは自分のプラグマテイズムをジェームズやシラーのプラグマティズムと区別するためであった。たとえば、パースは「プラグマティズムという言葉をつくりだしたのは誰か。その言葉がはじめて印刷されて表されたのは何処か。あなたがこの言葉で何を理解しているのか」(8.253)とジェームズに尋ねている。そして「プラグマティシズムの言葉の誕生を宣言する。この〈プラグマティシズム〉という言葉がきわめて不格好であるので、この子は再びかどわかされることはないと私は確信する」(5.414)という言葉をつけ加えている。

初期のプラグマティズム

まずパースの初期におけるプラグマティズムから見ていきたい。まず一連の初期の論文「科学の論理の解明」において、「信念の確定化」と「いかにして私たちの観念を明晰にするか」の課題は、探究に関する理論と意味に関する理論である。まず探究の理論は、「人間の唯一の目的は、懐疑を脱していかにして信念の確定化に至るかということであり、この方法は科学の方法が適切である」ということである。また意味の理論は、「認識が信念の確定化に働くのである限り、実際的行為に関してはっきりと示したものが〈プラグマティズムの格率である〉」。これがパースのプラグマティズムの基本にある考え方である。

そこで探究の理論を見るとしよう。探究の論理は私たちの探究における推論が妥当であるかを問うのであるから、まず探究をなぜするのかを問わなければならない。疑いの状況があって、それを揺るぎない信念の状態にもたらそうとするのである。つまり信念の確定化にもたらそうとするのである。この懐疑から信念への移行は規則に従って、行われている。この規則はすべての人間が従う精神の規則である。パースは「信念の唯一の目的は信念の確定化にある」(5.375) と述べている。探究とは信念を確定化するためにある。そして探究の本性は、真理の把握ではなくて、行為の確定化、つまり〈習慣〉の確定化にある。この探究の本性にあった方法が科学の方法である。

信念の確定化をめざす認識作用はどのような方法で決定されるか。それは明晰性が決定する。この明晰性に対して、西欧近代哲学は二通りの解決を示してきた。一つはデカルトの方法であり、もう一つはライプニッツの方法である。しかしその方法はどれも難点がある。それらの難点を克服し、明晰性の第三の方法が、探究をめざす信念は習慣である。つまり思考をより明晰化するということは、その思考が究極的にどのような習慣を決定するかを明らかにすることである。「習慣が何であるかは、それが私たちの行為を〈いつ〉〈いかに〉生じさせるかにかかっている」(5.400)

「認識の明晰性の第三の方法に達する規則は必然的になる。認識対象について、それが何らかの実際的意味をもつと思われる効果としてどのような効果をもつと思われるかを考えて見よ。そのときこれらの効果についての私たちの認識がその対象についての私たちの認識のすべてである」(5.402)。この規則が私たちの対象認識一般を私たちがある目的もって行為しようとするときその行為を正当化するような信念にせよ、という規則である。言い換えれば私たちの認識を「プラグマテイッシュな信念」にせよと命ずる。それゆえ、この規則は〈プラグマティズムの格率〉と呼ばれる。

プラグマティズムはある認識（観念、概念、命題）の「有意味性の基準」と「意味の同一性の基準」を与えようとする。たとえば、「このダイアモンドは硬い」は「これは多くの他の事物で擦られても傷つくことがない」と同一の意味をもつ。またこの命題の有意味性の根拠は「傷つくことがない」という実際的効果をもつ。このように言語表現の違った二つの認識が同一の意味をもつということはそれらの認識が同一の実際的効果をもつということである。またある認識が無意味なのはその実際的効果が何も見出さないということである。問題となっているのは、ある認識が探究者にとって有意味となる意味、つまり〈プラグマティックな意味〉である。

それではプラグマティックな意味の観点から有意味性と意味の同一性の判定基準を見れば、個別的感覚的事象への指示をもたないとされる抽象的概念の有意味性はどのように考えられるのか。そこで「実在」の概念を考えてみよう。実在は信念を確定し、確定化した信念が真であること、言い換えれば、真なる信念の表現する対象のことである。ところが、「真なる信念」というのは、「探究するものすべてによって究極的には賛成されるように運命づけられている信念」（5.407）である。それはとりも直さず実在ということである。したがって、ある認識内容の有意味性は、行為に関わり効果をもつか否かの基準によって判定され、その意味は効果を生み出す条件と効果とによって決められる。これがプラグマティズムの意味の理論である。

パースの初期のプラグマティズムは、懐疑の状態から脱して信念の確定化を求める探究の本性を考える理論である。そしてそこから意味が尋ねられる。そこにプラグマティズムの意味の理論が問われる。この二つの理論が実在論を結びつける。そして実在論に既に取り扱ったように、スコラ的実在論を展開するために、プラグマティックな方法を取るのである。

後期プラグマティシズム

初期の「科学の論理の解明」という論文は探究の理論と意味の理論にという問題が実在論に絡み合って論じられている。その後後期のプラグマティシズムの諸論文に至るパースの歩みを見てみると、これらの問題が再び追求されているのである。プラグマティシズムの諸論文は、これらの成果を綜合することによってプラグマティズムの結論の妥当性を示そうとしたと言える。

一九〇三年「ハーバード大学でのプラグマティズムに関する連続講演」において、彼のプラグマティズムは彼自身によってプラグマティシズムと呼ばれることになったが、この後期プラグマティズムの全体像を述べた。彼はプラグマティズムが実在論を論じていることを述べている。その実在論を構成しているものを第一次性、第二次性、第三次性と呼び、それらを分析し、一般者の実在性を論じている。

一九〇五―〇六年「プラグマティズムとは何か」「プラグマティシズムの論点」「プラグマティシ

ズムの弁明のためのプロレゴメナ」と未発表の「プラグマティシズムの概観」でパースはプラグマティズムが実在論に立っていることを強調している。「プラグマティシストは、実在的必然性と実在的可能性とを含む実在的様相の理論を採用しなければならない」(5.457)。この実在論の問題は記号の意味作用に関する分析のなかでなされる。つまりパースは記号過程の分析をして、記号論を打ち立てる。これにより、記号の理論が展開する。記号の意味とは、記号のもつ実際的効果であるとして、そして彼は記号の習慣的効果を重んじるのである。そのことは彼の初期のプラグマティズムの主張と変わらない。

プラグマティシズムとは　プラグマティズムというのは、「理性的認識と理性的目的がわかれ難く結びついている」(5.412)。このプラグマティズムの言葉が多くの人たちによって用いられた。特にウィリアム＝ジェームズとかフェルディナンド＝シラーによってプラグマティズムの名が普及した。しかしその名の普及にともなって、その名が乱用されることとなった。そこでパースの言うプラグマティズムを正確に保持するために、パースはそれを「プラグマティシズム」と名付けた。彼は、「〈プラグマティシズム〉という語がきわめて不格好であるので、この子は再びかどわかされることはないと私は確信する」(5.414)と言って、プラグマティシズムの名を選んだ。

パースはあくまでも自分が最初に述べたプラグマティズム正当性を主張し、そして他のプラグマティストの陥った誤りを取り除くことができると主張した。したがって、パースは自分の理論の正しさを証明できると考えて、自信をもって「プラグマティシズム」を主張した。「私はプラグマティズムを正しいと認めたうえ、それをいろいろな問題にどのように応用できるかを示すつもりである」(5.415)。「こうして読者は私の理論の正しさの証明に興味を抱くであろう」(同)。「これが私が哲学になしうる唯一の価値だと思う」(同)。そして「プラグマティシズムは定義を示しただけではどんなに理解力に富んだ人にも十分な意味を伝えることは不可能である。そこで定義の詳しい解説を行う必要がある」(5.416)。

プラグマティシズムは何よりも実践と結びついた理論である。したがって、哲学者は真偽を問題にするとき、何か分からない形而上学的な「真理」や形而上学的な「虚偽」をもちだして、勝手に悩んでいるだけである。あなたが取り扱うことのできるのはあなたの疑いと確信だけである。つまりあなたの一連の生活だけである。あなたが「真理」を知ろうと望むかわりに、疑いによってゆるがない確信の状態に到達しようと望むなら、あなたの難問はごく簡単にとけてしまうであろう(5.416)。

それにつぎに信念の問題で、「信念」とは「本質的に一定時間継続する精神的な習慣である」(5.417)。しかも大抵の場合無意識な習慣である。そして他の習慣と同様、信念は自己満足的である。人間は理性的である限り、習慣をもつだけではなしに、自分の未来の行動に自己制御を行う。といっても人間は未来の行動を自分の思うままにすることができない。習慣はこのような自己制御の働きをする余地のない習慣状態である。

この手法はパースが打ち立てた独特の手法といえよう。思考は人間の理性のあらゆる生活面で行われると考える。そして複雑な人間の在り方を捉えている。人間は習慣状態にあり、パースはその習慣状態を記号過程として捉えている。探究の理論も意味の理論も初期と同様に捉えている。彼は科学的な手続きを重んじて、科学的な手続きに従った方法をとる。その科学の方法によれば、形而上学のほとんどすべては無意味でわけが分からないものである（5.423）。哲学はがらくたを投げ捨てて哲学がなされるべきである。プラグマティシズムは一種の〈広義の実証主義〉と言える。プラグマティシストはそれでも他の〈広義の実証主義者のように不必要に形而上学をあざ笑ったり、馬鹿にしたりしない〉（5.423）。プラグマティシズムは形而上学から有益なエッセンスを取り出して、宇宙論や物理学の研究に役立たせる。そればかりではなく、人間や社会の問題に対するプラグマティシズムの応用にも役立たせる。

プラグマティシズムの格率は単一の実験、あるいは単一の現象の実験的現象について語っているのでなく、実験的現象一般について語っている。したがって、プラグマティシズムの格率に従う者は一般的対象を実在的なものと主張する。事実真実なものはすべて実在的なものである。自然法則は真実なものである。それゆえ、自然法則は実在的なものである。

それにプラグマティストは自己制御可能な行動に関わる。その場合あれやこれやの特定の意図のもとでの行動に適用できる命題だけではなく、あらゆる状況とあらゆる意図のもとでの自己制御に適用できる命題である。プラグマティシズムは言葉と一般観念を捉えて、その理性的な意味を捉えようとする。プラグマティシズムは言葉と命題の理性的な意味を人間の合目的的な行動との連関において捉えようとする。行動が人間生活のすべてであり、最高の目的であるとパースは主張する。

このように、パースは「理性的認識と理性的目的がわかれ難く結びついている」として、プラグマティシズムをあらゆる状況において自己制御可能な行動に適用できるようにする。つまりプラグマティシズムをウィリアム＝ジェームズのように具体的な状況において問題を一つ一つ解決するという形をとらず、スコラ的実在論の立場に論理的に解決を与えていくのである。彼は何故ジェームズの主張するプラグマティズムに反対したのか。それはジェームズが彼の関心が心理学的で、具体的であって、パースのように論理一般として考えることができなかったことがあげられる。そんな意味でパースはジェームズのプラグマティズムに異議を唱えざるを得なかった。

規範科学の構想

晩年彼は学問を構成する学として規範科学を構想したのであった。これは「精密論理学」で構想されたものであるが、論理学、倫理学、美学を規範科学として考えてこれらの三部門の関係を明らかにしたものである。「規範科学は美学、倫理学、論理学に分けられるのであれば、この区別は三つのカテゴリーに支配されていることが私の観点からは容易に理解される。というのは規範科学一般は事物と目的とが一致することに関する法則の科学であり、美学はその目的が感情の性質を具体的に表現する事柄を考察し、倫理学はその目的が行為にあるような事柄を考察し、論理学はその目的があるものを表象することにあるような事柄を考察するからである」(5.129)

規範科学は技術ではない。それは純粋に理論的科学である。「第一に、規範科学は仮説から演繹を行うが、それらの仮説は実証的な事実の真理に一致することを意図としており、規範科学の演繹における関心はほとんどその状況から生じる。第二に、規範科学の手続きは、純粋に演繹的ではない、原理的にそうである。規範科学は現象学の事実に依存し、数学から根本的に区別される。第三に、規範科学はさらに一層それに固有な最も本質的な要素があり、その要素は規範科学が行う評価であり、その評価は現象学のなかにはない」(5.125)

一般に規範科学の概念を一方的に人間精神に関係づける考え方が近代哲学を支配している。たとえば、美しいものは人間の趣味に相対的なものと考えられており、正義とか邪悪というものは人間の行為にだけ関わり、論理学は人間の合理的思惟を取り扱うと考えられている。それこそデカルト主義が近代哲学を自我主義に導いてきた。この考え方に人々がならされてきており、人々の観念に当然のこととしてあるのである。こうした物の見方の誤謬が暴かれなければならない。

哲学には三つの部門がある。第一の部門は現象学であり、それは現象をよく熟視し、その現象にある第一次性、第二次性、第三次性を識別するだけであり、現象学は現象を第一次性において扱う。第二の部門は規範科学であり、それは真、正、美の現象の関係の普遍的かつ必然的な法則を取り扱う。つまり現象を第二次性において扱う。第三の部門は形而上学である。それは現象を理解しようとする。したがって、現象を第三次性において扱う。つまり第一次性と第二次性との間に働く媒介性としてである。

形而上学は実在の科学であり、実在を形成しているのは規則性である。実在の規則性は実際に働いている法則である。実際に働いている法則は真に合理的な合理性である。この合理性が第三次性として働く。捉えてみると規範科学は技術ではない。そしてパースが考えているのは純粋な理論としての規範科学であることが分かる。

パースがそれに対応する三つのカテゴリーを想定している。その三つのカテゴリーとは、第一のカテゴリーが美学であり、第二のカテゴリーが倫理学であり、第三のカテゴリーが論理学である。そしてその目的はそれぞれに「美にして善なるもの」、「正しさ」、そして「真」ということである。パースはこのように規範科学を考えている。この規範科学は彼のカテゴリー論によって導入されたのである。そこでプラグマティズムの関係から、これらの三つの学問の相互関係について述べるとしよう。

その点から見てみると現象が論理的な自由、倫理的な自由、美的な自由とどのような観点から基礎づけられるかというと、それは互いに基礎づけ合い、論理的自由は倫理的自由を基礎として、倫理的自由が美的自由に基礎づけられる。これが規範科学の最終的目的である。つまり、「論理的な善は思考と真理との一致であり、それは倫理的な善である。倫理的な善は行為の合法則的制御の応用の事象の一つであり、行為の合法則的の基礎には、多様な部分からなる全体における統一的な質を感受するという美的な善を基礎とする」。その意味でパースは美的自由を倫理的自由よりももっと根本として受け取り、規範科学はその構想を美的自由に最終的な基礎づけを置こうとする。

パースの理論の構築は美的な究極のところの自由、あるいは美的な調和を求め、そこを基盤として哲学を考えたのであった。私たちはパースが反デカルト主義を出発として論理的手続きを重んじ、そしてスコラ的実在論を生涯において貫き通したことを見るのである。彼は何故規範科学を構想し、それを倫理的自由に基礎づけたか、それを美的自由に基礎づけたのかを考えるとき、改めて彼のダンディーを信条とした数々の青年時代からの行為が思い起こされる。彼は論理を追求したが、それを美的なものに基礎づけたのであった。

あとがき

いまようやくこの本ができた。何回か挫折して、できあがった苦心の本である。思えば「パースからミード」（北海道大学文学部紀要）という論文を書いてから、もう三〇年も経ってしまった。その間パースの重要性について気づきながら、あれこれと他に仕事をしてしまい、ついにパースにまわらなかった。その間ただ一冊の訳書（バーンシュタイン編『パースの世界』）を出しただけだった。それでもその間「トランスアクション・オブ・ザ・チャールズ・パース・ソサアィティ」の雑誌をとって読んでいたりした。しかしパースは難解であって、なかなか理解ができなかった。そうしているうちに、清水書院の清水幸雄氏に薦められて本気になって、やり始めた。もう十年にもなるかもしれない。それだけの月日をかけながら、作業は遅々としてはかどらなかった。そのうち病に倒れた。病になる直前に一応書き上げたと思っていたが、書き上げたものはやはり疲れて書いたせいか、まったく生彩がなかった。ふたたび挑戦して書き上げたのがこれである。

こんなに月日を費やしてしまい、清水書院の皆さんに申し訳なく思っている。特に清水幸雄氏には本当に気長に待って頂いたことをここに厚くお礼を申し上げたい。

多くのパースの書がアメリカ合衆国で出版され、パース研究がなされているが、意外にパースの生涯を扱った本がないのに驚いた。私の訳本バーンシュタイン編『パースの世界』（一九七八年、木鐸社）にポール＝ワイスの「パースの生涯」を扱ったのがあるぐらいしか私にはわからなかった。日本では鶴見俊輔の『プラグマティズム入門』（一九五九年、現代教養文庫）に多分ポール＝ワイスの「パースの生涯」からと思われる紹介があるだけであった。どうしようかと考えている最中、アメリカで研究していた西川祐司君から一冊の本ジョセフ＝ブレントの『チャールズ・サンダース・パース』（一九九三年）が送られた。この本はその恩恵を受けている。パースの生涯についてはこの本を参照して書き上げた。そして本文中の写真にも多く掲載させて頂いた。

日本におけるパース研究はまだ始まったばかりと言える。そのなかで、米盛祐二『パースの記号学』と伊藤邦武『パースのプラグマティズム』がある。それらの本はパースの優れた書である。また新しいパースの全集の編集がインディアナ大学で一九八二年より始められて『パース著作集』が出されているが、この本では慣例に従って古い著作集から引用していた。

ともあれ、この書は私にとって骨の折れる著作であったが、この書を読んでパースの理解の一助になって頂ければ幸いである。最後にこの書の出版にさいして清水書院の村山公章氏にお礼を申し上げたい。

一九九八年夏

岡田雅勝

参考文献

A 著作の翻訳

パース著作集1『現象学』、米盛祐二編訳、勁草書房、一九八五年

パース著作集2『記号学』、内田種臣編訳、勁草書房、一九八六年

パース著作集3『形而上学』、遠藤弘編訳、勁草書房、一九八六年

「パース、ジェームズ、デューイ」、上山春平編「世界の名著」48、中央公論社、一九六八年

『偶然・愛・論理』、浅輪幸夫訳、三一書房、一九八二年

B 研究所

米盛祐二『パースの記号学』、勁草書房、一九八一年

伊藤邦武『パースのプラグマティズム』、勁草書房、一九八五年

鶴見俊輔『プラグマティズム入門』、現代教養文庫、社会思想社、一九五九年

バーンシュタイン編『パースの世界』、岡田雅勝訳、思想史ライブラリー、木鐸社、一九七八年

ヴァルター『一般記号学』、向井ほか訳、勁草書房、一九八七年

デヴィス『パースの認識論』、赤木昭夫訳、産業図書、一九九〇年

エヤー『プラグマティズムの源流』、岡田雅勝訳、みすず書房、近刊予定

(なお、英文、独文のものは参考文献から省いた。ただし引用文献に関しては Collected Papers - Charles Sandes Peirce, I - VIII を用いて慣例に従って表記した。)

パース年譜

西暦	年齢	年譜	背景となる社会的事件と参考事項
一八三九年		チャールズ＝サンダーズ＝パースは九月一〇日ケンブリッジに生まれる 父ベンジャミン、母サラー＝ハント＝ミルズ。父はハーバード大学教授、母は上院議員エリジャ＝ハント＝ミルズの娘。チャールズは三人兄弟と妹一人の次男であった	三五 トクヴィル『アメリカにおけるデモクラシー』
四〇	一歳	洗礼を受ける。父はユニテリアン派（プロテスタントの一派）の信者 子供の頃からチェス、トランプ、暗号、謎解きなどをして遊んだ	
四七	八	独力で化学の研究。一二歳で自分の化学実験室で、リービヒの定量分析を実験した	四八 カリフォルニア・ゴールドラッシュ
四九	一〇	蛙の池で水遊びをして病気になる。それ以降重い風邪、頭痛、熱病に罹り、神経過敏な子であった	四八 アメリカで最初の女性解放運動がセネカ・フォールズで起こる

五三	一四	自らを放埒な人間と公言して、悪さをした。幼いときから、恋をし、放埒であることを自惚れてダンディズムに憧れた。それでも彼は化学をし、カントを読んでいた。彼は人生の快楽を追求したが、人生について悩んだ	五〇　南北戦争起こる
五八	一九	大学四年のとき、激しい苦痛の伴う神経痛を再発し、この苦痛を和らげるために、エチルエーテルと阿片を飲んだ。その後モルヒネ、コカインを常用していた 沿岸調査部とのコネクションがあって、メーン州にて測量調査に参加	五五　ホイットマン詩集『草の葉』
五九	二〇	ミシシッピの沿岸測量部に参加し、アガシのもとで化石分類法を研究	ダーウィン『種の起源』 ミル『自由論』
六〇	二一	ケンブリッジに戻り、秋ハーバード大学で試験監督官に任命される	
六一	二二	沿岸測量部で計算助手の職に就く。この年徴兵制に服役しなければならなかったが、徴兵を免れる	
六二	二三	フェイ＝ジーナと結婚	

六二―七〇	二三―三一	カントを研究し、カテゴリー研究に取り組んだ	六三 奴隷解放宣言
六七	二八	芸術と科学のアメリカン・アカデミー研究生に選ばれる。そしてアメリカン・アカデミー会報に「カテゴリーの新しい表」を発表	六三 ミル『功利主義』 六五 南北戦争終了
六八	二九	「人間の有する四つの無能力」を発表	
七〇	三一	日食の観測のために、ヨーロッパに行く。滞在地は、ロンドン、ベルリン、プラハ、ミュンヘン、ヴェニス、フローレンス、ローマ、ナポリ、シシリー、南スペイン、ギリシア、テッサロニケであった。ロンドンではド＝モルガン、ジェヴォンズらに会った	ホイットマン『民主主義展望』
七一―七四	三二―三五	ワシントンとケンブリッジに住む 沿岸測量部の重要な仕事である測地学の領域で重力の測定とハーバード観測所で助手として工学の仕事をする 形而上学クラブで議論を交わす チョンシー＝ライト、ウィリアム＝ジェームズ、ジョン＝グリーン、フランシス＝アボットらと議論を交わした	
七四	三五	チャールズがフーサック山で重力の実験をする	

七五–七七	三六–三八	ヨーロッパ（ドイツ、フランス、スイス）に測地学の関係で行く。特にパリではダンディーぶりを発揮し、ワイン鑑定の腕を磨いた。彼は多額の借金をかかえてしまう	
七六	三七	ジーナとヨーロッパに行ったが、別れる（正式な離婚は一八八三年であった）	
七七	三八	シュトットガルトの国際測地学会で重力実験に用いられた振り子の基準のひずみの証明が報告され、高く評価された	ベル電話を実用にもたらす
七七–七八	三八–三九	「信念の固定化」、「観念を明晰にする方法」を「ポピュラー・サイエンス・マンスリー」に発表 振り子の実験とスペクトル計の実験をホーボーケンで計画をすすめ、さらにロッキー山脈のステイションで続けた	
七八	三九	『光度測定研究』を出版	七八―七九　パヴロフ『条件反射の研究』
七九	四〇	ボルティモアに移る。その頃パースは重度の神経衰弱状態に陥り、八〇年には精神異常の可能性があると診断を受けた	

		この頃二つの就職の話があった。一つはハーバード大学観測所の所長、もう一つはジョンズ・ホプキンズ大学の論理学の教授職であった	
八〇	四一	父ベンジャミン＝パース死す	エディソン電球を発明
八二	四三	所長パターソン死す	
八三	四四	ジュリエット＝アネッテ＝フロアシと結婚 彼の仕事はアメリカではほとんど認められなかったが、ヨーロッパでは彼の名声が測地学、天文学、論理学（特に代数学的論理学、科学の論理）で確立されていた ボルティモアで、ジュリエットが病いがちの生活であったとき、パースはコカインを服用するなど自己破壊的な生活をした	
八四	四五	ブルー・リッジ山脈でジュリエットと共に過ごした。しかし秋には測量と重力の部局に配属される。ジュリエットが病身のため測量部の辞任を申し出るが、所長に断られる	マーク＝トゥエーン『ハックルベリー・フィンの冒険』 ロイス『哲学の宗教的側面』
八五	四六	ミシガン大学、ウィスコンシン大学、コーネル大学で振	アボット『科学的有神論』

		り子の観測をする	
八六	四七	コーネル大学で振り子の観測を終えて、ケンブリッジに行き、重量測定の報告に必要な記録を取りに行った。そこで彼はジェームズ、フィスク、アボットらと交わった	
八七	四八	ミルフォードに移転する。そこで金持ちのピンショー夫妻と親しく交わった。彼らとシャレード遊びをしたり、詩を読んだり、演劇をしたりして楽しんだ	
八九	五〇	ジュリエットが肺結核になる	
九〇	五一	ポール＝ケーラスが雑誌「モニスト」を始める。パースは論文「理論の建築」、「吟味された必然性の教説」、「精神の法則」、「進化的愛」を発表	カーネギー『富の福音』
九〇－一九〇五	五一－六一	「ネイション」のギャリソンと親しくなり、そのギャリソンが病気になって辞めるまで実に多くのことを書いた	
九一	五二	沿岸測量部を強制的辞任	ジェームズ『心理学原理』
九三	五四	「大論理学」を書く。出版されない	
九四	五五	パースはひどい負債を負った。その結果借金に追われて、栄養失調から重病になり、餓死寸前になった	米西戦争 ハワイとフィリピンを米国の領土とする

九五	五六	一〇〇ドルが出版社から送り込まれ、後に友人から送られた金と刊行物の評論で食いつないだ 裁判所は借金の支払いのために、彼のもっている本の売却を命じた。パースに令状が出されるが、パース夫妻はニューヨークに来ていたために、彼らは法的な逃亡者となり、それで一八九八年五月までミルフォードに戻れなかった	デューイ『倫理研究』
九六	五七	負債を兄ミルズらの協力で終える パースは飢えを防ぐために、アセチレン会社を興すが、その企画は失敗に終わった	九七 ジェームズ『信じる意志』
九八	五九	ジェームズはパースにケンブリッジでの論理学の講義を依頼し、講義はケンブリッジの私宅で行われた ミルフォードに戻る 重病になり、原稿を書けない状態になる。ジェームズら友人が援助した	ヒルベルト『幾何学の基礎』
九九	六〇	「科学における世紀の偉人たち」を論文にする	デューイ『学校と社会』
一九〇三	六四	ウェルビー夫人との書簡のやりとりが始まる	ライト兄弟最初の飛行

〇五	六六	ジェームズとヒンショーの贈り物がこの頃の生活を支えた	〇四 シラー『ヒューマニズム』 〇五-〇六 サンタヤナ『理性の生活』
〇六	六七	パースの貧困さはこれまで以上であった。彼はケンブリッジの宿で栄養失調と病で疲れ切った男となって発見された	〇六 アボット『三段論法的哲学』
〇七	六八	パースはもはや自分を支えていくことができなくなっていた。彼はハーバードその他の場所で最終講義〈論理学的方法論〉に関して講義をした後、ミルフォードに帰る	〇七 ジェームズ『プラグマティズム』
〇八-〇九	六九-七〇	『楽しみの迷路』シリーズを出版。論文「神の実在に関する怠惰な論証」発表	〇九 ジェームズ『真理の意味』
一〇	七一	友人ジェームズ死す	一〇-一三 ラッセル／ホワイトヘッド『数学原理』
一四	七五	三月一五日パースの記号論についての最後の筆 四月一九日パース没	一四 パナマ運河開通 一四 第一次世界大戦起る 一四 ワトソン「行動」発表

さくいん

【書名】

【人　名】

【事 項】

パース■人と思想146　　定価はカバーに表示

1998年11月20日　第1刷発行©
2014年9月10日　新装版第1刷発行©

・著　者　…………………………岡田《おかだ》　雅勝《まさかつ》
・発行者　…………………………渡部　哲治
・印刷所　………………………図書印刷株式会社
・発行所　……………………株式会社　清水書院

〒102-0072　東京都千代田区飯田橋3-11-6
Tel・03(5213)7151～7
振替口座・00130-3-5283
http://www.shimizushoin.co.jp

検印省略

落丁本・乱丁本は
おとりかえします。

CenturyBooks

Printed in Japan
ISBN978-4-389-42146-5

CenturyBooks

清水書院の〝センチュリーブックス〟発刊のことば

近年の科学技術の発達は、まことに目覚ましいものがあります。月世界への旅行も、近い将来のこととして、夢ではなくなりました。しかし、一方、人間性は疎外され、文化も、商品化されようとしていることも、否定できません。

いま、人間性の回復をはかり、先人の遺した偉大な文化を継承して、高貴な精神の城を守り、明日への創造に資することは、今世紀に生きる私たちの、重大な責務であると信じます。

私たちがここに、「センチュリーブックス」を刊行いたしますのは、人間形成期にある学生・生徒の諸君、職場にある若い世代に精神の糧を提供し、この責任の一端を果たしたいためであります。

ここに読者諸氏の豊かな人間性を讃えつつご愛読を願います。

一九六七年

SHIMIZU SHOIN

人と思想

●は未刊
*は近刊

老子	高橋 進
孔子	内野熊一郎他
ソクラテス	中野幸次
釈迦	副島正光
プラトン	中野幸次
アリストテレス	堀田 彰
イエス	八木誠一
親鸞	古田武彦
ルター	小牧 治・泉谷周三郎
カルヴァン	渡辺信夫
デカルト	伊藤勝彦
パスカル	小松摂郎
ロック	浜林正夫他
ルソー	中里良二
カント	小牧 治
ベンサム	山田英世
ヘーゲル	澤田 章
J・S・ミル	菊川忠夫
キルケゴール	工藤綏夫
マルクス	小牧 治
福沢諭吉	鹿野政直
ニーチェ	工藤綏夫
J・デューイ	山田英世
フロイト	鈴村金彌
内村鑑三	関根正雄
ロマン=ロラン	村上嘉隆・村上益子
孫文	横山 英・中山義弘
ガンジー	坂本徳松
レーニン	中野徹三・高岡健次郎
ラッセル	金子光男
シュバイツァー	泉谷周三郎
ネルー	中村平治
毛沢東	宇野重昭
サルトル	村上嘉隆
ハイデッガー	新井恵雄
ヤスパース	宇都宮芳明
孟子	加賀栄治
荘子	鈴木修次
●アウグスティヌス	宮谷宣史
トーマス=マン	村田經和
シラー	内藤克彦
道元	山折哲雄
ベーコン	石井栄一
マザーテレサ	和田町子
中江藤樹	渡部 武
ブルトマン	笠井恵二
本居宣長	本山幸彦
佐久間象山	奈良本辰也・左方郁子
●安藤昌益	三宅正彦
田中正造	布川清司
幸徳秋水	絲屋寿雄
スタンダール	鈴木昭一郎
和辻哲郎	小牧 治
マキアヴェリ	西村貞二
河上肇	山田 洸
アルチュセール	今村仁司
杜甫	鈴木修次
スピノザ	工藤喜作

ユング	林　道義
フロム	安田　一郎
マイネッケ	西村　貞二
エラスムス	斎藤　美洲
パウロ	八木　誠一
ブレヒト	岩淵　達治
ダンテ	野上　素一
ダーウィン	江上　生子
ゲーテ	星野　慎一
ヴィクトル=ユゴー	辻　昶 丸岡　高弘
トインビー	吉沢　五郎
フォイエルバッハ	宇都宮芳明
平塚らいてう	小林登美枝
フッサール	加藤　精司
ゾラ	尾崎　和郎
ボーヴォワール	村上　益子
カール=バルト	大島　末男
ウィトゲンシュタイン	岡田　雅勝
ショーペンハウアー	遠山　義孝
マックス=ヴェーバー	住谷一彦他
D・H・ロレンス	倉持　三郎
ヒューム	泉谷周三郎
シェイクスピア	福田陸太郎 菊川　倫子
ドストエフスキイ	井桁　貞義
エピクロスとストア	堀田　彰
アダム=スミス	浜林　正夫 鈴木　亮
ポパー	川村　仁也
フンボルト	西村　貞二
白楽天	花房　英樹
ベンヤミン	村上　隆夫
ヘッセ	井手　賁夫
フィヒテ	福吉　勝男
大杉栄	高野　澄
ボンヘッファー	村上　伸
ケインズ	浅野　栄一
エドガー=A=ポー	佐渡谷重信
ウェスレー	野呂　芳男
レヴィ=ストロース	吉田禎吾他
ブルクハルト	西村　貞二
ハイゼンベルク	小出昭一郎
ヴァレリー	山田　直
プランク	高田　誠二
ラヴォアジエ	中川鶴太郎
T・S・エリオット	徳永　暢三
シュトルム	宮内　芳明
マーティン=L=キング	梶原　寿
ペスタロッチ	長尾十三二 福田　弘
玄奘	三友　量順
ヴェーユ	冨原　眞弓
ホルクハイマー	小牧　治
サン=テグジュペリ	稲垣　直樹
西光万吉	師岡　佑行
ヴァイツゼッカー	加藤　常昭
メルロ=ポンティ	村上　隆夫
オリゲネス	小高　毅
トマス=アクィナス	稲垣　良典
ファラデーとマクスウェル	後藤　憲一
津田梅子	古木宜志子
*大友宗麟	溝部　脩
シュニツラー	岩淵　達治

*ネルヴァル　大浜　甫
カステリョ　出村　彰
ヴェルレーヌ　野内　良三
コルベ　川下　勝
ドゥルーズ　船木　亨
「白バラ」　関　楠生
リジュのテレーズ　菊地多嘉子
リッター　西村　貞二
プルースト　石木　隆治
ブロンテ姉妹　青山　誠子
ツェラーン　森　治
ムッソリーニ　木村　裕主
モーパッサン　村松　定史
大乗仏教の思想　副島　正光
解放の神学　梶原　寿
ミルトン　新井　明
ティリッヒ　大島　末男
神谷美恵子　江尻美穂子
レイチェル＝カーソン　太田　哲男
オルテガ　渡辺　修

アレクサンドル＝デュマ　辻　昶／稲垣　直樹
西　行　渡部　治
ジョルジュ＝サンド　坂本　千代
マリア　吉山　登
ラス＝カサス　染田　秀藤
吉田松陰　高橋　文博
パステルナーク　前木　祥子
パース　岡田　雅勝
南極のスコット　中田　修
アドルノ　小牧　治
良　寛　山崎　昇
グーテンベルク　戸叶　勝也
ハイネ　一條　正雄
*トマス＝ハーディー　倉持　三郎
*古代イスラエルの預言者たち　木田　献一
*ボッカチオ　野上　素一
*ナイチンゲール　小玉香津子
ザビエル　尾原　悟
*レオナルド＝ダ＝ヴィンチ　吉田　光
*ミシェル＝フーコー　今村　仁司／栗原　仁

---

*トニ＝モリスン　吉田　廸子
*悲劇と福音　佐藤　研
*レニ＝リーフェンシュタール　平井　正
*トルストイ　八島　雅彦
*ミリンダ王　森　祖道／浪花　宣明

●清水新書——歴史

1 平泉の世紀—藤原清衡　高橋富雄
2 日蓮と蒙古襲来　川添昭二
3 田沼意次—その虚実　後藤一朗
4 広重の世界—巨匠のあゆみ　楢崎宗重
5 原敬—政党政治のあけぼの　山本四郎
6 フリードリヒ大王—啓蒙専制君主とドイツ　村岡晢
7 帝制ロシアの巨星—ピーター大帝　木崎良平
8 ケネディとニューフロンティア　中屋健一
9 「三国志」の世界—孔明と仲達　狩野直禎
10 オスマン帝国の栄光とスレイマン大帝　三橋冨治男
11 権勢の政治家—平清盛　安田元久
12 産業革命の群像　角山栄
13 ルイ14世—フランス絶対王政の虚実　千葉治男
14 ルーズベルト—ニューディールと第二次世界大戦　新川健三郎
15 レオナルド＝ダ＝ヴィンチ—ルネサンスと万能の人　西村貞二
16 最高の議会人—グラッドストン　尾鍋輝彦
17 王羲之—六朝貴族の世界　吉川忠夫
18 草原の覇者—成吉思汗　勝藤猛
19 桃山美術への誘い—永徳と山楽　土居次義
20 チャーチルと第二次世界大戦　山上正太郎

21 自由・平等をめざして—中江兆民と植木枝盛　松永昌三
22 安禄山と楊貴妃—安史の乱始末記　藤善真澄
23 クロムウェルとピューリタン革命　今井宏
24 司馬遷と「史記」の成立　大島利一
25 近世国学の大成者—本居宣長　芳賀登
26 足利義政と東山文化　河合正治
27 イタリア民族革命の使徒—マッツィーニ　森田鉄郎
28 神を背に立つ改革者—ルターとカルヴァン　冨本健輔
29 ムガル帝国とアクバル大帝　石田保昭
30 張騫とシルク＝ロード　長沢和俊
31 幸徳秋水—明治社会主義の一等星　坂本武人
32 「沖縄学」の父—伊波普猷　金城正篤　高良倉吉
33 地中海世界の覇権をかけて—ハンニバル　長谷川博隆
34 孫文と中国の革命運動　堀川哲男
35 親鸞—人間性の再発見　千葉乗隆
36 未踏世界の探検—間宮林蔵　赤羽栄一
37 朱子と王陽明—新儒学と大学の理念　間野潜龍
38 リンカーン—南北分裂の危機に生きて　井出義光
39 ウィルソン—新世界秩序をかかげて　志邨晃佑
40 ヒトラーと第二次世界大戦　三宅正樹
41 マホメット—イスラムの原点をさぐる　嶋田襄平
42 ジャンヌ＝ダルクの百年戦争　堀越孝一

43 女性解放の先駆者—中島俊子と福田英子　絲屋寿雄
44 つくられた暴君と明君—隋の煬帝と唐の太宗　布目潮渢
45 独裁君主の登場—宋の太祖と太宗　竺沙雅章
46 アレクサンドロス大王—「世界」をめざした巨大な情念　大牟田章
47 アメリカ独立の光と翳　今津晃
48 カイザーの世界政策と第一次世界大戦　義井博
49 マルコ＝ポーロ—東西を結んだ歴史の証人　佐口透
50 ムハンマド＝アリー—近代エジプトの苦悩と曙光と　岩永博
51 福沢諭吉　高橋昌郎
52 中国の大航海者—鄭和　寺田隆信
53 源義経—伝説に生きる英雄　関幸彦
54 中国史にみる女性群像　田村実造